D1693548

Sprossen

Impressum

Die französische Originalausgabe erschien unter dem Titel „Graines germées" bei Éditions La Plage, Sète, 2005.
© für die französische Ausgabe: Éditions La Plage, 2005

Lizenzausgabe für FONA Verlag AG, CH-5600 Lenzburg · www.fona.ch
© für die deutsche Ausgabe: Walter Hädecke Verlag, Weil der Stadt, 2011

Printed in Germany 2011

5 4 3 2 1 | 2014 2013 2012 2011
ISBN 978-3-03780-285-4

Bildnachweis	Alle Bilder von Philippe Barret und Myriam Gauthier-Moreau mit Ausnahme der Abbildungen auf Seite 24 und 25 (S. 24 oben links: hawos Kornmühlen GmbH, Bad Homburg; S. 24 restl. Abbildungen: Eschenfelder GmbH, Hauenstein; S. 25 oben links: Römertopf®, Ransbach-Baumbach; S. 25 unten links: Keimling Naturkost GmbH, Buxtehude; S. 25 rechts: Eschenfelder GmbH, Hauenstein)
Umschlaggestaltung	Stephanie Steimer (nach einem Entwurf von Pascal Plottier)
Deutsche Übersetzung	Franziska Weyer
Lektorat	Léonie Schmid
Redaktionelle Mitarbeit	Sigrid Oldendorf
Satz der deutschen Ausgabe	Erich Schuhmacher, Magstadt

Sprossen

Selber ziehen und geniessen

Valérie Cupillard

Fotos von Philippe Barret und Myriam Gauthier-Moreau

Philippe Barret, Fotograf und Feinschmecker lebt und arbeitet in Frankreich im Département Drôme. Für zahlreiche Kochbücher und Publikationen hat er bereits Rezepte berühmter Köche und Konditoren in Szene gesetzt.

Myriam Gauthier-Moreau ist eine junge Food-fotografin, deren Leidenschaft besonders der Bio-ernährung gilt. So hat sie an vielen Veröffentlichungen mitgewirkt, um die Vorzüge dieser Produkte besser zur Geltung zu bringen.

Die Autorin **Valérie Cupillard** hat bereits zahlreiche Kochbücher herausgegeben und beschäftigt sich seit mehr als 15 Jahren mit der Bioküche. Sie verbindet kulinarische Raffinesse mit ernährungswissenschaftlichen Gesichtspunkten. In Frankreich hält sie Vorträge und gibt Seminare, um diese neue, gesunde und natürliche Küche besser bekannt zu machen.

Vorwort

Keime und Sprossen gehören zu jenen Zutaten, die zu einer gesunden Ernährung beitragen. Indem wir Keime und Sprossen, Getreidesäfte (z. B. aus Weizengras), Algen, ölhaltige Pflanzen und frisches, rohes Obst und Gemüse aus biologischem Anbau in unseren Speiseplan integrieren, sorgen wir für eine optimale Energiezufuhr in unseren Körper.

Keime und Sprossen enthalten nicht nur viel Energie, essenzielle Aminosäuren, Vitamine und Spurenelemente, sondern sind auch reich an Ballaststoffen, haben einen hohen Enzymgehalt und spielen als Antioxidanzien sowie zum Ausgleich des Säure-Basen-Gleichgewichts im Körper eine wichtige Rolle.

Keime und Sprosse verwöhnen uns mit neuen Aromen und bringen Abwechslung in unseren Speiseplan. Sie geben den Gerichten eine fröhliche und spielerische Note und sorgen gleichzeitig für eine ausgewogene Ernährung.

Unsere Geschmacksnerven reagieren meist freudig erstaunt auf diese neuen Aromen. Die gekeimten Körner mit ihren feinen Sprossen regen uns zu fantasievollen Dekorationen an; eine Augenweide und Gaumenfreude gleichermaßen.

Der Unterschied zu gekochten Zutaten ist schon beim Verzehr lebendiger Lebensmittel „spürbar" – aufgrund des hohen Nährstoffgehalts der Keime und Sprossen isst man in der Regel automatisch kleinere Mengen.

Mit etwas Erfahrung im Umgang mit Lebensmitteln von guter Qualität beginnt man die Momente zu spüren, in denen man ihrer bedarf – sei es als Ergänzung zur täglichen Nahrung oder als Kur für den Körper. So helfen uns die Sprossen auf ganz subtile Weise, besser auf unseren Körper zu achten und unsere Bedürfnisse kennen zu lernen.

Keime und Sprossen tragen eine Frühjahrsenergie in sich – eine Energie des Wachsens, der Erneuerung, des „Keimens". Daher liegt der Gedanke nahe, dass sie dem Körper besonders als „Starthilfe" dienen können. So sind Frühjahr und Sommeranfang (die Jahreszeiten, in denen Sprossen in unserer Küche am einfachsten keimen), aber auch das Frühstück am Morgen (als Start in den neuen Tag) die besten Zeiten, um Keime und Sprossen zu verzehren.

Mir hat es großes Vergnügen bereitet, mich mit Keimlingen und Sprossen vertraut zu machen und neue, schmackhafte Rezepte zu entwickeln, und ich hoffe, Ihnen wird es genauso ergehen!

Ihre *Valérie Cupillard*

Inhaltsverzeichnis

Keime und Sprossen für die Gesundheit

Der Keimvorgang verändert das Saatkorn und bringt eine Reihe positiver Veränderungen mit sich: Die frei werdenden Enzyme bewirken eine Vorverdauung, die Stärke wird in kleinere, leichter verdauliche Bausteine zerlegt und der Gehalt an Vitaminen und Spurenelementen erhöht. Durch das Keimen verzehnfacht sich der Nährwert der Samen, und so liefern die Keimlinge dem Körper wichtige Vitamine und Spurenelemente, die eine so genannte hohe Bioverfügbarkeit besitzen.

Inhaltsstoffe von Keimen und Sprossen

Gute Quellen für pflanzliche Proteine...
... sind beispielsweise die Sprossen grüner Mungbohnen, aus Sonnenblumenkernen, Sesam, Alfalfa und Brokkoli.

Eisen...
... findet sich vor allem in den Sprossen des Bockshornklees, der Linsen, der Kresse, des Spinats, des Fenchels, des Sesams, der roten Linsen, des Brokkolis und des Quinoas.

Magnesium...
... liefern unter anderem Weizen, Linsen, Leinsamen, Spinat, Buchweizen, Sonnenblumenkerne und Sesam.

Calcium...
... gibt es aus roten Linsen, Adzukibohnen, Kresse, Spinat, Quinoa und Sesam.

B-Vitamine...
... stecken in Weizen, Spinat, Reis und Linsen.

Essenzielle Fettsäuren...
... sind vor allem in den Sprossen der Sonnenblumenkerne und des Sesams enthalten.

Phosphor, Kalium, Kupfer...
... sind hauptsächlich aus Weizen, Brokkoli, Karotten, Kohl, Spinat, Fenchel, Bockshornklee und Lauch verfügbar.

Antioxidanzien...
... kommen besonders in Alfalfa, Weizen und Brokkoli vor.

Reich an Vitamin C...
... sind alle Sprossen, vor allem aber Linsen, Rotkohl, Brokkoli, Alfalfa, Kresse und Rucola.

Keime und Sprossen sind wahre Schatztruhen, was den Nährwert betrifft. Zudem besitzen Sprossen eine alkalisierende – sprich basische – Wirkung im Stoffwechselprozess: Der Verzehr von keimendem Getreide und Gemüse sorgt daher für einen ausgeglichenen Säure-Basen-Haushalt.

Keimlinge oder junge Sprossen?

Einige Keimlinge werden gegessen, sobald sich der erste zarte Spross zeigt, andere erst, wenn sich die zwei ersten Keimblätter gebildet haben. Für jede Pflanzenart sollte daher die optimale Keimdauer beachtet werden.

Zuerst wächst aus dem begossenen oder befeuchteten Saatgut ein Keim, der das ganze Potenzial des Samens enthält. Dieser Keimvorgang findet in der Dunkelheit statt. Der Keim selbst ist daher weiß und eignet sich für den sofortigen Verzehr.
Nach einiger Zeit verwandelt sich der Keimling. Wird er dem Licht ausgesetzt, bildet er Chlorophyll aus. Wenn kleine Blätter sichtbar werden, spricht man von Sprossen.

Unter diesen Wachstumsbedingungen „ohne Erde" erhält man im Allgemeinen das stärkste Wachstum des Samenkorns. Wartet man mit dem Verzehr zu lange, verwelkt der Keimling jedoch.

Generell werden Keimlinge aus Getreide (Weizen, Dinkel, Hafer, Buchweizen usw.), ölhaltigen Samen (Sesam, Sonnenblumenkerne, Kürbiskerne usw.) und Hülsenfrüchten (Kichererbsen, Linsen usw.) verzehrt, wenn der Keim etwa 5 mm lang ist. Keimlinge aus Gemüsesamen oder Gewürzen wie Fenchel, Radieschen, Lauch, Karotte, Alfalfa, Peter-silie, Kresse, Koriander, Dill oder Senf finden hingegen eher als junge Sprossen (grüne, etwa 3 cm lange Keime mit ersten Blättchen) in der Küche Verwendung.

Bei einigen Keimlingen erstreckt sich die Verzehrdauer von der Ausbildung des jungen Keims bis hin zur Keimblattbildung. Dies ist zum Beispiel beim Sonnenblumenkern der Fall, der sowohl als Keim sehr schmackhaft ist als auch mit Chlorophyll angereichert als junger Spross.

Gewisse Getreidesorten, z. B. Weizen und Gerste, können auch in der Erde kultiviert werden. Geerntet wird dann das junge (stark chlorophyllhaltige) Gras, das sich wunderbar entsaften lässt, womit es von den unverdaulichen Pflanzenfasern befreit wird.

Mittlerweile findet man Keime und Sprossen auch gebrauchsfertig zum Kauf in den Kühlregalen. Vor allem Mischungen sind sehr interessant, denn so lassen sich gleich mehrere Sorten probieren, die oft sehr unterschiedlich im Geschmack sind. Als Einstieg eignen sich zum Beispiel Alfalfa mit einem milden, feinen Geschmack und die jungen, frisch und knackig schmeckenden Sonnenblumenkernsprossen.

Wählen Sie nur wirklich frisch abgepackte Keime und Sprossen, deren Farbe kräftig und leuchtend ist. Wurde die Kühlkette unterbrochen oder waren sie stauender Nässe ausgesetzt, entwickeln sie schnell einen unangenehmen Geruch und sind ebenso wie welke oder schlaffe Keimlinge für den Verzehr nicht mehr geeignet. Die Vielzahl der angebotenen Keime und Sprossen ist enorm, und es macht Spaß, die verschiedenen Geschmacksrichtungen zu kosten: Radieschen, Zwiebel, Fenchel, Bockshornklee, Sonnenblumenkerne, Linsen, Brokkoli, Rotkohl, Weizen, Mungbohnen, Alfalfa und vieles mehr.

Im Reformhaus oder Bioladen erhalten Sie neben einzelnen Samen auch Saatenmischungen für die eigene Sprossenzucht. Der Vorteil: Es ist das kombiniert, was gut zusammen wächst und schmeckt (siehe auch Hinweise ab Seite 14).

Frische Säfte aus Weizen- und Gerstengras

Lässt man einige Getreidesorten, darunter Weizen, Gerste, Dinkel oder Kamut nicht in Keimgeräten oder Keimgläsern keimen, sondern auf speziellen Sieben oder Nährerde heranwachsen, können sie sich zu jungen Gräsern entwickeln. Der Getreidesamen wird durch den Kontakt mit Wasser, Luft und Licht (Sonne) zu einem Gras, das nicht mehr die gleiche Zusammensetzung wie der Keimling hat; so enthalten die Halme des Weizengrases beispielsweise kein Gluten mehr (bei Glutenunverträglichkeit wirklich nur die Halme bzw. „das Gras" ohne Keimlinge verwenden!).

Verzehrt werden diese Gräser ausschließlich als Saft, da unser Verdauungssystem damit am besten umgehen kann. Für die faserreichen Gräser bedarf es eines speziellen Geräts, das die Gräser schonend zerkleinert, ohne dabei ihre Inhaltsstoffe zu zerstören. Daher ist es äußerst wichtig, beim Entsaften jegliche Hitzeeinwirkung zu vermeiden.

Der sauerstoffreiche und vor allem chlorophyllhaltige Saft hat den Vorteil, stark basisch zu wirken.

Weizengrassaft

Das Weizengras kann problemlos selbst angebaut werden. Entweder das biologische Saatgut in Humus oder Komposterde ziehen (vorher ca. zwölf Stunden einweichen, dann auf der leicht feuchten Erde drei Tage an einem dunklen Ort zwischen 18 und 22 °C abgedeckt anziehen, danach ins Licht stellen und während des Wachstums immer gut feucht halten). Oder als platzsparende Alternative spezielle Siebe nutzen, in denen auch ohne Erde das Weizengras gezogen werden kann (nachdem es vorher zwei bis drei Tage gekeimt hat).

Nach acht bis zehn Tagen ist das Weizengras 15 bis 20 cm hoch gewachsen und kann geerntet werden (nur einmal, denn nur beim ersten Schnitt hat das Gras alle wichtigen Inhaltsstoffe, die beim Keimen entstehen). Mit Hilfe eines speziellen Entsafters* kann man daraus einen kostbaren, chlorophyllhaltigen Saft gewinnen.

Weizengrassaft wird am besten in kleinen Mengen unmittelbar nach dem Entsaften getrunken. Als Kur oder natürliche Nahrungsergänzung kann er während gewisser Lebensphasen täglich konsumiert werden. Weizengrassaft wirkt auf vielfältige Weise wohltuend, und wer ihn erst einmal gekostet hat, betrachtet ihn als ein wirksames Verjüngungsmittel. Weizengras besteht zu 70 % aus Chlorophyll, Vitaminen (darunter das Provitamin A, die Vitamine B, C und viele mehr), acht essenziellen Aminosäuren, Mineralien und Spurenelementen.

Sollten Sie die Mühe des Anbaus scheuen, so können Sie diesen grünen Cocktail mittlerweile auch in einigen Biorestaurants und Saftbars genießen. Im Reformhaus und Bioladen gibt es Weizengrassaft fertig in Flaschen, einige Bioläden bieten auf Bestellung auch bereits gezogenes Weizengras zum Entsaften an.

Gerstengrassaft

Gerstengras kann wie Weizengras kultiviert werden, also in Kästen mit Muttererde oder Kompost, die man auf den Balkon oder in den Garten stellen kann, oder auf dem Fensterbrett mit speziellen Zuchtsieben. Gerstengras wird geschnitten, sobald es eine Länge von 8–10 cm erreicht hat. Es muss ebenfalls entsaftet werden, da auch seine Pflanzenfasern für uns unverdaulich sind.

---

* Adressen von entsprechenden Anbietern erhalten Sie kostenlos beim Leserservice des Verlags.

Gerstengrassaft in Pulverform ist eine gute Alternative zum eigenen Anbau. Der daraus angerührte Saft kann als Kur oder als Nahrungsergänzungsmittel bei Bedarf täglich getrunken werden. Vor allem durch die Synergieeffekte seiner Bestandteile ist dieser gesunde und vollwertige Cocktail für uns besonders interessant.

Die Verwendung des Gerstengrassafts

Gerstengraspulver ist in vielen Bioläden erhältlich. Dieses Pulver verwende ich in den Rezepten auf den Seiten 114–117. Die Verwendung des Instantpulvers ist einfach und zeitsparend. In Wasser aufgelöst, kann Gerstengrassaft in kalte Saucen eingerührt werden Die Saucen erhalten eine kräftige Farbe, die besonders gut zu Frühlingsgerichten passt.

Saaten selber keimen

Haben Sie erst einmal Geschmack an Keimen und Sprossen gefunden, werden Sie schon bald selber welche ziehen wollen. Ein Vergnügen für Groß und Klein. Anfängern sei wieder besonders Alfalfa empfohlen, da es sehr schnell wächst, aber natürlich auch Sonnenblumenkerne, Linsen usw.

Kaufen Sie **keimfähiges Saatgut in Bioqualität** und benutzen Sie zu Beginn ein einfaches Einweckglas. Denken Sie daran, dass gekeimte Samen mehr Volumen haben, daher reichen zwei bis drei gestrichene Esslöffel Samen für ein Einweckglas meist völlig aus. Bereiten Sie mehrere Gläser jeweils mit einem Tag Abstand vor, damit sie immer fertig gekeimtes Saatgut vorrätig haben.

Entfernen Sie schlechte Samen und geben Sie die anderen in das Einweckglas. Gießen Sie reichlich Wasser darüber und bedecken Sie das Glas mit einem feinen Musselinstoff (Tüll, Gaze), den Sie mit einem Gummiband befestigen. Kleine Samenkörner können so ganz einfach abgespült und abgetropft werden, für größere Samen (z. B. Sonnenblumenkerne, Kichererbsen) eignet sich auch ein kleines Sieb. Verwenden Sie vorzugsweise **frisches Quellwasser,** um die kleinen Samenkörner zu begießen.
Weichen Sie das Saatgut eine Nacht lang ein. Die Dauer des Einweichens richtet sich nach der **Samengröße.** Keimfreudige Saaten wie Alfalfa und Radieschen benötigen nicht mehr als drei bis vier Stunden, während Kichererbsen, Mungbohnen oder Soja mehr als zehn Stunden benötigen.
Handelt es sich um mehrere Saaten unterschiedlicher Größe, sollten Sie sie wegen der unterschiedlichen Zeiten lieber getrennt keimen lassen.

Das Saatgut am nächsten Tag durch den Stoff mit Quellwasser oder gefiltertem Wasser sorgfältig spülen. Dann das Saatgut im Glas abtropfen lassen, bis sich kein Wasser mehr im Glas befindet, sondern lediglich etwas Feuchtigkeit zurückbleibt. Das Glas etwas schräg hinstellen, damit sich keine stauende Nässe bildet und die Luft zirkulieren kann.

Die Keime mindestens zweimal pro Tag (morgens und abends) **abspülen,** bei großer Hitze oder wenn das Glas austrocknet, sogar noch öfter. Die Keimlinge sollten stets feucht gehalten und außerdem durch Musselinstoff oder einen Deckel mit kleinen Löchern geschützt werden.

Große Keimlinge wie Sonnenblumenkerne, Kürbiskerne oder Linsen sollten nach dem Einweichen am besten auf einem Teller ausgebreitet und durch einen Glasdeckel geschützt werden. So wird die Feuchtigkeit erhalten und sie bekommen dennoch Licht. Die Keimlinge brauchen zum wachsen Platz, daher ist es am einfachsten, eine Art Seiher zu verwenden (einen Teller mit Löchern, der auf einem flachen Teller steht).

Die **Dauer des Keimens** ist von der Festigkeit der Keimlinge abhängig. Vom Sichtbarwerden des kleinen Keims bis zum jungen Spross mit winzigen Blättchen können zwei bis sechs Tage vergehen. Die Idealtemperatur beträgt 20 °C. Zu Beginn können die Keimlinge vor Licht geschützt stehen, doch um Chlorophyll bilden zu können, müssen die kleinen Sprossen hell, allerdings vor direkter Sonneneinstrahlung geschützt, stehen.

Das gekeimte Saatgut sollte **rasch verzehrt** werden. Weiteres Wachstum können Sie durch Kühlstellen verhindern. Allerdings dürfen die Keimlinge keinesfalls luftdicht oder feucht verpackt werden.

Beim **Wasserwechseln ist** darauf zu achten, dass die Hüllen der Samenkeime weggespült werden, da diese die Keimlinge gelegentlich braun färben (wie bei Alfalfa, Linsen oder Sonnenblumenkernen). Das Spülen der Keimlinge ist zwar einfach, bedarf aber dennoch besonderer Aufmerksamkeit, um die feinen Keime nicht zu beschädigen.

Zusammenfassung
- **keimfähiges, biologisches Saatgut kaufen**
- **in Quellwasser oder in gefiltertem Wasser einweichen**
- **sorgfältig abspülen**
- **bei hoher Luftfeuchtigkeit keimen lassen**
- **Raumtemperatur 18–22 °C**
- **etwas Licht, aber keine direkte Sonneneinstrahlung**

Das Aufbewahren der Saaten

Verschließen Sie immer die Päckchen oder füllen Sie den Inhalt in Gläser und lagern Sie diese an einem dunklen, trockenen Ort. Ich lagere meine keimfähigen Saaten meist im Kühlschrank. Wenn ich sie dann heraushole und befeuchte, entwickeln sie sich rasch. Sollten Sie die unbehandelten Biosaaten im Vorratsschrank verwahren, müssen Sie vor allem im Sommer auf Milben achten.

Ideal ist, täglich eine kleine Menge Samenkeime anzusetzen, denn so haben Sie stets frische Keime und Sprossen zur Verfügung.

Die Lagerung gekeimter Samen

Eignen sich die Keime und Sprossen bereits zum Verzehr, kann das weitere Wachstum gestoppt werden, indem Sie sie in den Kühlschrank legen. Bewahren Sie sie in einem Weckglas mit Lochdeckel auf (damit die Luft zirkulieren kann) oder in den speziellen Keimgeräten (ab Seite 23) und halten Sie sie ganz geringfügig feucht. Alle zwei Tage sollten sie weiterhin mit Quellwasser gespült werden. Ich habe die Erfahrung gemacht, dass sie sich länger halten, wenn sie gut abgetropft oder sogar abgetrocknet wurden. Unempfindliche Sprossen können sogar in der Salatschleuder getrocknet werden. Je nach Sorte halten sich so die Sprossen bis zu fünf Tage.

Haben Sie bereits gekeimte Sprossen aus dem Kühlregal des Bioladens gekauft, sollten Sie ihrer Einschätzung vertrauen, was das Lagern betrifft. Auf jeden Fall sollten die Keimlinge vor Vitalität geradezu strotzen, verlockend und appetitlich aussehen und frisch riechen!

Der Verzehr von Keimen und Sprossen

Gekeimte Saaten oder Sprossen immers roh verzehren, um von ihren wohltuenden Inhaltsstoffen zu profitieren. Einzige Ausnahme: Sprossen von grünen Linsen und Kichererbsen. Sie sollten zur besseren Verträglichkeit kurz gekocht oder im Dampf gegart werden, um unverdauliche Bestandteile herauszulösen. Gelegentlich wird auch empfohlen, Keimlinge von Sojabohnen zu blanchieren.

Die Auswahl der Keime und Sprossen

Aus den Samen von Alfalfa, Rotkohl, Brokkoli, Bockshornklee, Fenchel, Radieschen oder Senf entstehen feine und zarte Keime, die wunderbar zu Rohkost schmecken.

Sonnenblumenkerne, rote Linsen, Sesam oder Kürbiskerne können bereits verzehrt werden, wenn ihr Keim gerade aus dem Samen hervorkommt. Mit den weichen, aber dennoch knackig schmeckenden Keimen lässt sich jedes Gericht garnieren.

Sprossen der grünen Linsen, der Mungbohnen und der Adzukibohnen sind etwas größer. Letztere können sogar kurz im Wok mitgegart werden. Um den Gerichten einen asiatischen Touch zu geben, können Sie Sojasprossen oder junge Sonnenblumenkernsprossen ganz kurz andünsten.

Richten Sie den Genuss nach dem Wachstum der Samenkeime; das macht die Verwendung einfacher und praktisch. Probieren Sie zunächst die gekeimten Samen und lassen Sie den Rest zu kleinen grünen Sprossen heranwachsen.

Das Einweichen der Samen

Damit der Vorgang des Keimens beginnen kann, benötigen die Samen Wasser. Das Einweichen „weckt" den Keim und vernichtet die Hemmstoffe der Enzyme, die das Saatgut auf natürliche Weise während der Lagerung schützen und ein Auskeimen zur falschen Zeit verhindern. Daher ist auch das Spülen wichtig, um diese Bestandteile auszuwaschen.

Achten Sie auf die Wasserqualität. Empfehlenswert sind Quellwasser oder gefiltertes, reines Wasser.

Das Einweichen dauert häufig gar nicht lange. Sesam oder Sonnenblumenkerne keimen beispielsweise in nur zwei bis drei Stunden. Wenn der kleine Keim sichtbar wird, können sie bereits verzehrt werden.

Kein Einweichen erforderlich:

- Basilikum
- Kresse
- Leinsamen
- Senf
- Portulak
- Rucola

Einweichzeit ½ Tag:

- Alfalfa (Luzerne)
- Brokkoli
- Sellerie
- Kohl
- Spinat
- Rote Linsen
- Weiße Rübe/Herbstrübe
- Radieschen (rot, weiß, schwarz)
- Buchweizen
- Sesam
- Sonnenblumenkerne
- Quinoa

Einweichzeit über Nacht:

- Dill
- Knoblauch
- Hafer
- Getreide (Dinkel, Kamut, Weizen, Gerste)
- Karotte
- Kerbel
- Koriander
- Kürbiskerne
- Fenchel
- Bockshornklee
- Grüne Linsen
- Zwiebel
- Petersilie
- Lauch

Gewisse Samen benötigen eine etwas längere Einweichzeit von 1½ Tagen:

- Adzukibohnen
- Kichererbsen
- Reis
- Mungbohnen (grüne Sojabohnen)

Die daraus entstehenden Sprossen (ohne Mungbohne) eignen sich eher zum Garen (sanft und kurz).

Das Vorkeimen von Getreide und Hülsenfrüchten vor dem Kochen

Mit dem Einweichen der Saat im Wasser beginnt der Prozess des Keimens. Frisch gekeimte Samen sind leichter verdaulich und werden auch schneller gar. Aus diesem Grund sollten auch getrocknete Hülsenfrüchte wie Adzukibohnen, grüne Linsen oder Kichererbsen vor dem Kochen eingeweicht werden.

Nach gleichem Prinzip lassen sich auch Getreidekörner vor dem Kochen vorkeimen, so z. B. Amarant, Hirse, Buchweizen oder Quinoa. Sie sollten vor dem Dampfgaren oder dem sanften Garen in einem Kochtopf mit dickem Boden mindestens eine Nacht eingeweicht werden.

Praktisch ist, dass die eingeweichten Kerne/Bohnen auf unterschiedliche Weise verzehrt werden können. Ein Teil der in einem Salatsieb eingeweichten Kichererbsen kann beispielsweise einfach vorgekeimt gekocht werden, während der Rest weiter keimt und dann als Sprossen gegessen wird.
Das Einweichen lässt sich so optimieren, dass man stets eingeweichte Hülsenfrüchte (oder Getreidekörner) zum Kochen und gleichzeitig gekeimte Hülsenfrüchte (oder Getreidekörner) zur Verfügung hat.

Zum Beispiel Kichererbsen

Weichen Sie eine Nacht und einen halben Tag lang Kichererbsen in einem Salatsieb ein, spülen Sie sie am nächsten Morgen und wechseln Sie dabei das Wasser. Nehmen sie Dreiviertel der Kichererbsen, um sie zu kochen (und daraus Hoummus – eine orientalische Vorspeise –, ein Gemüsecurry, ein Couscous, usw. zu machen).
Dafür sollten Sie sie etwa 45 Minuten in einem Topf mit einem Sandwichboden sanft garen. Diese Kichererbsen wurden lediglich vorgekeimt.

Lassen Sie parallel dazu die restlichen Kichererbsen richtig keimen. Nach drei Tagen mit regelmäßigem Spülen sind sie für den Verzehr bereit. Jetzt reichen etwa 15 Minuten sanftes Dampfgaren aus, um sie unter einen Salat zu mischen, mit Reis zu essen und vieles mehr.
Um gekeimte Kichererbsen roh verzehren zu können, sollten Sie sie nur kurz in kochendem Wasser blanchieren.

Das sanfte Garen der Kichererbsen

nach 1½ Tagen einweichen

Das Vorkeimen, die eingeweichten Algen und das Aromatisieren mit verdauungsfördernden Gewürzen verändern die Gewohnheiten.

1 Schale Kichererbsen
20–30 g in Salz konservierte Kombualge
(alternativ: ca. 1 Streifen getrocknete Kombu, ca. 7 g)
1 Lorbeerblatt
1 Bohnenkrautzweig oder Bohnenkrautpulver
1 Prise Kreuzkümmel oder Kümmel (optional)

Die Schale Kichererbsen in ein Salatsieb geben, mit reichlich Wasser (mindestens zwei Schalen) bedecken.
Über Nacht einweichen, damit die Kichererbsen quellen. Am nächsten Morgen spülen, das Wasser wechseln und noch ein paar Stunden einweichen lassen.
Vor dem Kochen erneut abspülen. Die Keimspitzen durchstoßen bereits die Haut. Die Kichererbsen in einen Topf mit Sandwichboden geben, mit Wasser bedecken und bei niedriger Hitze garen.
Die Kombualge gut abspülen und mit einer Schere oder mit einem scharfen Messer auf einem Brett in kleine Stücke schneiden. Alge zu den Kichererbsen geben; sie wird die Kichererbsen weicher werden lassen. Mit Lorbeerblatt und Bohnenkrautzweig würzen. Lieben Sie es etwas orientalisch, können Sie noch eine Prise Kreuzkümmel oder Kümmel zufügen.
Die Kichererbsen bei schwacher Hitze 45 Minuten garen.

Im Dampf gegarte Kichererbsen

nach dreitägiger Keimzeit

Eine Schale Kichererbsen in ein Salatsieb geben und mit reichlich Wasser (mindestens zwei Schalen) bedecken.
Eine Nacht einweichen lassen, damit die Kichererbsen quellen. Am nächsten Morgen abspülen, das Wasser wechseln und erneut einige Stunden einweichen lassen.
Erneut abspülen und abtropfen lassen. Die Kichererbsen in einen Seiher mit kleinen Löchern geben oder in ein großes Sieb (z. B. aus rostfreiem Edelstahl) mit flachem Boden. Sie dürfen nicht übereinanderliegen. Drei bis vier Mal täglich die Kichererbsen unter fließendem Wasser abspülen, das Einweichwasser danach abgießen, damit sie nicht im Wasser stehen. Ist der Keim etwa 5 mm lang, können Sie die Kichererbsen genießen.
Die gekeimten Kichererbsen erneut abspülen und in einem Topf mit Siebeinsatz etwa zehn Minuten weich garen.

Rohe Kichererbsen

Nach dreitägiger Keimzeit können Kichererbsen auch beinahe roh verzehrt werden.
In einem Topf Wasser zum Kochen bringen und die gekeimten Kichererbsen darin einige Sekunden lang blanchieren. Anschließend abtropfen lassen.

Die Wahl des richtigen Keimgeräts

Für das Keimen gibt es verschiedene Geräte, die Sie in Bioläden, Reformhäusern oder bei spezialisierten Versendern kaufen können. Mit ihrer Hilfe kann die eigene Herstellung von Keimen und Sprossen richtig beginnen.

Etagerenkeimgeräte

Diese Keimgeräte bestehen aus mehreren, übereinander gestapelten, gelochten Kunststoffkeimschalen, die sich für eine zeitlich gestaffelte Keimung eignen.

Die Modelle aus Plexiglas scheinen für Nahrungsmittel besonders gut geeignet. Die keimfähigen Saaten sind einfach abzuspülen und das Gerät ist gut zu reinigen.

Achten Sie darauf, ein Gerät zu wählen, dessen Keimschalen auch eine gute Durchlüftung ermöglichen.

Nach jedem Keimvorgang müssen die Schalen mit einer Bürste sorgfältig gereinigt werden, daher sind runde Schalen vorzuziehen.

Es gibt Etagerenkeimgeräte in den verschiedensten Größen. Für einen höheren Bedarf und für Familien eignen sich daher größere Ausführungen. Die durchsichtigen Keimgeräte besitzen je nach Hersteller unterschiedlich große Löcher, damit auch kleine Saaten nicht stecken bleiben.

Verschiedene Etagerenkeimgeräte aus lebensmittelechtem Plexiglas unterschiedlicher Hersteller.

Tonkeimgeräte

Ihr Vorteil ist das sehr gut verträgliche Material. Ton reguliert auf natürliche Weise den Feuchtigkeitshaushalt, in dem er „atmet". Wie bei allen Keimgeräten, darf man nur das regelmäßige Gießen oder Benebeln der Keime nicht vergessen, damit die Wurzeln, die durch die Löcher wachsen, nicht austrocknen.

Keimsiebe

Auf einer flachen Keramikschale wird ein feines Edelstahlsieb aufgelegt, auf dem sowohl Weizengras und sehr kleines Keimgut als auch schleimproduzierende Saaten wie Kresse oder Leinsamen gut gedeihen. Der Vorteil ist, dass die Würzelchen gespült werden können, ohne die empfindlichen feinen Pflänzchen in Mitleidenschaft zu ziehen.

Tonkeimer mit kleinen Spitzen

Die kleinen Teller sind mit kleinen Spitzen bestückt, an denen die frisch aussprießenden Keimlinge Halt haben. Diese Keimgeräte eignen sich für alle kleinen Saaten (wie Alfalfa) oder für kleine Mengen (Singlehaushalt).

Frische Kresse auf dem Keimsieb gezogen.

Sprossengläser mit Abtropfgestell

Das ist die einfachste Form, um Keime und Sprossen in der Küche zu ziehen. Die Gläser nehmen nur wenig Platz weg, und man kann sie beispielsweise neben das Spülbecken stellen, um an das Abspülen und Befeuchten zu denken. Die Gläser eignen sich hervorragend für leicht zu keimende Saaten wie beispielsweise Alfalfa, rote und grüne Linsen oder Mungbohnen. Nach dem Beginn des Keimwachstums dürfen die Gläser nicht mehr stark geschüttelt werden, um eine Beschädigung der Keimlinge zu vermeiden. Je nach Hersteller sind die Deckel aus Edelstahl oder aus Kunststoff. Vermeiden Sie Gläser mit Blechdeckeln, da diese häufig rosten.

Kresseigel

Ein besonderes Keimgerät speziell für Schleim produzierende Keimsaaten. Auf den mit einem feinen Baumwollstoff überzogenen Keramikuntersatz werden die kleinen Samenkörner gestreut, welche beim Wachsen einen klebrigen Schleim bilden, z. B. Leinsamen, Portulak, Kresse oder Basilikum. Sie ziehen von unten Wasser an und bleiben dadurch feucht. Ein ausgefallenes Keimgerät für Experimentierfreudige, das es auch noch in anderen Formen gibt.

Die feinen Sprossen wirken appetitlich und knackig frisch und scheinen „von Tau benetzt". Das Gerät ist natürlich deutlich teurer als die anderen Keimgeräte, doch wer seine Ernährung ganz auf vollwertige Rohkost umstellen möchte, sollte sich die Investition überlegen. Die Frische und die Ergiebigkeit ermöglichen es, zu jeder Mahlzeit Keime und Sprossen zu essen, die ungestört bei konstanter Temperatur und von einem Benebelungssystem befeuchtet heranwachsen können.

Keimautomaten

Ein neues Keimgerät, bei dem Sie sich um nichts mehr kümmern müssen. Programmwahl, Pumpe, Kohlefilter, Sprinkler sind im Gerät integriert, daher werden die Saaten automatisch mit gefiltertem Wasser besprenkelt.

Siebe für Weizen- und Gerstengras

Zum Ziehen von Weizengras gibt es gut zu reinigende Metallsiebe mit Keramikuntertellern in verschiedenen Größen, je nach benötigter Menge. Stapelhilfen ermöglichen einen platzsparenden, zeitversetzten Anbau, damit ohne Unterbrechung geerntet werden kann. Hinweise zum Selberziehen für Weizen- und Gerstengras befinden sich auf Seite 12.

Selbstgebaute Keimhilfen

Das große Abenteuer des Keimens kann auch dann beginnen, wenn man lediglich ein Weckglas und ein Sieb zur Verfügung hat (vgl. Abbildung auf Seite 15).

Erweitern Sie Ihr Equipment um ein Stück Gazestoff, das mit einem Gummiband über der Glasöffnung befestigt wird, oder um einen mit einem kleinen Bohrer gelochten Plastikdeckel, dann steht dem Keimen nichts mehr im Weg.

Auch mit Hilfe von Seihern (mit kleinen Löchern versehene Teller) lassen sich Saaten keimen. Diese speziellen Teller gibt es in bestimmten Geschirrserien oder bei kunsthandwerklichen Töpfern.

Allerdings werden die Keimlinge in den Gläsern im Gegensatz zu den aufrecht ausgerichteten Keimlingen in den Keimgeräten bei jedem Abspülen durcheinandergeschüttelt und haben dadurch eine weniger ruhige Wachstumsphase.

Das Keimen von Alfalfa

Anfängern empfehle ich am liebsten Alfalfa, da die Samen innerhalb von vier Tagen keimen und daher ein schnelles Ergebnis garantieren.

Um eine gute Handvoll feiner Alfalfasprossen ernten zu können, reicht es, zwei große Esslöffel Samen in ein Weckglas zu geben, diese mit reichlich Quellwasser zu bedecken und zunächst einen halben Tag einzuweichen.

Nun ein Stück Gazestoff mit einem Gummiband über der Öffnung des Weckglases befestigen und die Samen abspülen und abtropfen lassen.

Die Keimlinge mehrere Male pro Tag abspülen und das Wasser durch den Stoff hindurch ablaufen lassen, damit etwas Feuchtigkeit im Glas bleibt. Glas wenden und flach hinlegen, damit die Keimlinge an der Innenwand kleben bleiben.

Zu Beginn (erster Tag) sollte das Glas nicht zu hell stehen. Anschließend sollte es an einem hellen Ort stehen (direkte Sonneneinstrahlung vermeiden), damit die Sprossen grün werden. Wählen Sie einen Ort, der praktisch für Sie ist, denn die Keimlinge sollten zwei bis fünf Mal pro Tag abgespült und abgetropft werden.

Wachsen die Sprossen im Glas zu gerade hoch, breiten Sie sie auf einem Teller mit Löchern oder in einem großen Kunststoffsieb aus, legen Sie einen Glasdeckel darüber und stellen Sie sicher, dass die Luft zirkulieren kann, damit die Keimlinge in feuchter, jedoch nicht stickiger Atmosphäre heranwachsen.

Sind die Keime etwa 2 cm lang, bilden sich die ersten kleinen, grünen Blättchen. Die feinen, leichten Sprossen sollten verzehrt werden, wenn sie eine Länge von 2–3 cm erreicht haben.

Das Keimen geschälter Sonnenblumenkerne

Der Vorteil der Sonnenblumenkerne ist, dass Sie sie essen können, sobald das Keimen begonnen hat. Es geht also sehr schnell und darüber hinaus können lassen sie sich auf unterschiedliche Weise genießen: als Keimlinge oder als junge Sprossen. Geschälte Sonnenblumenkerne brauchen etwa drei Tage, bis sie keimen.

Vier gehäufte Esslöffel Sonnenblumenkerne in ein Weckglas geben und mit reichlich Quellwasser bedecken und einen halben Tag einweichen.

Anschließend abspülen und dabei zwischen den Fingern reiben, damit sich die kleinen Häutchen lösen. Die Häutchen lassen sich einfach abspülen. Auch so eingeweicht schmecken Sonnenblumenkerne schon lecker.

Die Sonnenblumenkerne abtropfen lassen, ins Weckglas geben und dieses mit einem Stück Gazestoff verschließen, damit sie feucht bleiben.

Das Glas drehen, damit die feuchten Kerne an den Innenwänden haften bleiben. Glas umdrehen und schräg hinstellen (entweder anlehnen oder zur Hälfte auf den Deckel stellen), damit auf keinen Fall Wasser im Glas stehen bleibt.

Die abgetropften Kerne können auch auf einem Teller ausgebreitet und mit einem Glasdeckel bedeckt werden.

In den folgenden Tagen jeweils zweimal täglich mit frischem Quellwasser abspülen und abtropfen lassen.

Probieren Sie die ersten Kerne, wenn der Keim gerade mal 5 mm lang ist. Ein bis zwei Tage später werden bei der Verwendung von ungeschälten Sonnenblumenkernen bereits die ersten grünen Blättchen sichtbar und Sie können die jungen Sprossen essen.

Das Keimen von Linsen

Fünf bis sechs Esslöffel keimfähige grüne Du-Puy- oder Berglinsen – diese haben einen besonders aromatischen und charakteristischen Geschmack – in eine Schüssel geben und sorgfältig abspülen, um Sandkörner oder winzige Steinchen zu entfernen.

Anschließend die Linsen in ein Weckglas geben, mit reichlich Quellwasser bedecken (mindestens mit der dreifachen Menge, da die Linsen quellen werden) und eine Nacht einweichen.

Am nächsten Tag die Linsen solange spülen, bis das Wasser klar ist. Das Weckglas solange drehen, bis die feuchten Linsen an den Innenwänden haften bleiben. Die Linsen können aber auch auf einem feuchten Teller ausgebreitet und mit einem Glasdeckel abgedeckt werden. Linsen mindestens zweimal täglich mit Quellwasser abspülen. Sobald der Keim ein paar Millimeter lang ist, können Sie die knackigen Linsen genießen. Kurz im Wasserdampf gegart schmecken gekeimte Linsen etwas milder. Zu lange gekeimte Linsen werden faserig und schmecken weniger gut.

Bei roten Linsen reicht es, sie einen halben Tag einzuweichen. Auch sie können gegessen werden, sobald der Keim ein paar Millimeter lang ist. Ihre Farbe ist verlockend und ihr Keim verleiht ihnen einen frischen und milden Geschmack. Sobald der Keim sichtbar wird, können rote Linsen roh verzehrt werden, oder aber Sie warten, bis die Sprossen 2–3 cm lang sind.

Das Keimen von Quinoa

Quinoa abspülen und dabei zwischen den Fingern reiben, da die Samen sich häufig an der Wasseroberfläche ansammeln. Drei bis vier Esslöffel sind völlig ausreichend.

Quinoa in ein Weckglas füllen und vollständig mit frischem Quellwasser bedecken. Ein Stück Baumwollstoff (Tüll, Gaze) über die Glasöffnung legen und mit einem Gummiband befestigen. Da die Samen sehr klein sind, lassen sie sich auf diese Weise leicht abspülen und abtropfen.

Für zwei bis vier Stunden einweichen und anschließend mit Quellwasser durch den Stoff hindurch abspülen oder mit Hilfe eines feinen Siebs abspülen und abtropfen lassen. Die Luft im Glas darf nur leicht feucht sein. Das Glas drehen, bis die Quinoakörner an den Innenwänden haften bleiben. Das Glas mit der Öffnung nach unten etwas schräg hinstellen, damit sich das Wasser nicht im Glas staut und die Luft zirkulieren kann.

Die Körner mindestens zweimal pro Tag abspülen. Um die Körner zu spülen, ohne sie zu beschädigen, einfach mit reichlich Wasser begießen und sie quasi ein Bad nehmen lassen. So werden die Keimlinge gegebenenfalls entwirrt und es können sich keine Gärstoffe bilden. Abtropfen lassen und wieder an der Innenwand des Glases verteilen. Quinoa braucht etwa zwei bis drei Tage zum Keimen, allerdings können vom ersten Keimen bis zum Heranwachsen der Sprossen mit winzigen Blättchen zwei bis sechs Tage vergehen. Quinoa kann sofort nach dem Keimen verzehrt werden, sollte aber spätestens gegessen werden, wenn der Keim 2–3 cm lang ist, da die Sprossen danach schnell verkümmern.

Das Keimen von Bockshornklee

Drei bis vier Esslöffel keimfähige Bockshornkleesamen abspülen und danach eine Nacht in einem mit Quellwasser gefüllten Weckglas einweichen.

Am nächsten Tag das verfärbte Wasser wechseln. Die Samen abspülen und abtropfen lassen.

Ein Stück Baumwollstoff (Gaze oder Tüll) über die Glasöffnung legen und mit einem Gummiband befestigen oder das Glas mit einem gelochten Deckel verschließen. Das Glas drehen, damit der Bockshornklee an der Innenwand haften bleibt und anschließend mit der Öffnung nach unten etwas schräg hinstellen, damit die Luft im Glas zirkulieren kann und kein Wasser im Glas verbleibt.

Die Samen zwei bis dreimal täglich spülen, um zu verhindern, dass sie durch den Schleim, den sie absondern, miteinander verkleben.

Bockshornklee keimt nach etwa drei Tagen. Bis die ersten winzigen Blättchen an den Sprossen wachsen, dauert es mindestens eine Woche. In diesem Stadium halten sie sich einige Tage im Kühlschrank, wenn die zarten Sprossen vorher vorsichtig, beispielsweise mit einer Salatschleuder, trocken geschleudert werden. Anschließend einfach wieder in ein Weckglas füllen und kalt stellen.

Eine Auswahl keimfähiger Saaten

Das kleine, heranwachsende Samenkorn explodiert förmlich und hat aufgrund der äußeren Umstände innerhalb einer bestimmten Zeit das Maximum seiner Entwicklungsfähigkeit erreicht. Im Weckglas oder im Keimgerät erreichen die Keimlinge irgendwann ein Limit, an dem sämtliche Reserven aufgebraucht sind (da sie ja nicht in der Erde wachsen). Für jede Saat gibt es eine optimale Größe, bei der die Keimlinge oder Sprossen verzehrt werden sollten, da sie dann ein Maximum an Nährwert bieten.

Dieser Zeitpunkt richtet sich nach den Keimbedingungen. Man lernt schnell, den richtigen Zeitpunkt zum Verzehr der Keime und Sprossen oder das Ende der Keimzeit zu erkennen.
Die Keimzeiten sind variabel und richten sich u.a. nach der Raumtemperatur, der Jahreszeit oder der Wasserberieselung. Daher spezifiziere ich die Zeiten auch nicht immer, da dies von einem Tag (z. B. Kürbiskerne) bis hin zu zehn Tagen (z. B. Fenchel und Koriander) dauern kann, sondern gebe lieber die Länge des Keimlings an, damit man die Keime im richtigen Moment ernten kann.

Alfalfa (Luzerne)
Alfalfa keimt leicht und schmeckt mit einer Länge von etwa 3 cm am besten. Die feinen Sprossen mit dem milden Geschmack überzeugen jeden. Die Sprossen sollten vor dem Verzehr gut abgespült werden, um die braunen Hülsen zu entfernen.

Adzukibohnen
Die getrockneten Bohnen werden zum Vorkeimen eingeweicht (dadurch werden sie auch leichter verdaulich) und anschließend sanft gegart. Bohnen mit 5 mm langen Keimen können roh verzehrt werden.

Bockshornklee
Beim Einweichen verströmen die Samen einen intensiv würzigen Duft, der jedoch im Verlauf des Keimens nachlässt. Die eingeweichten Samen produzieren zudem eine Art Schleim. Bockshornkleekeimlinge können bereits nach drei Tagen verzehrt werden, schmecken dann allerdings recht scharf. Nach gut einer Woche bilden sich an den etwa 2 cm langen Keimen die ersten Blättchen. Die Sprossen werden vor allem wegen ihres sehr aromatischen Duftes geschätzt.

Brokkoli
Die feinen Sprossen sollten mit einer Länge von 2–3 cm verzehrt werden. Damit sich Chlorophyll bilden kann, sollten sie ab dem dritten oder vierten Tag hell stehen.

Buchweizen
Die hübschen, vielseitigen, geschälten Körner sollten eingeweicht und sorgfältig abgespült werden, da das Wasser dickflüssig wird. Damit das Keimen gelingt, den Buchweizen gut abtropfen lassen, da er nur wenig Feuchtigkeit benötigt. Schon nach zwei bis drei Tagen bilden sich wenige Millimeter lange Keime, die dann auch verzehrt werden sollten.

Dill
Die feinen Sprossen sollten bei einer Länge von 2–3 cm geerntet werden. Sie haben einen frischen, sehr aromatischen Geschmack mit einer leichten Anisnote.

Fenchel
Die leichten, duftenden Sprosse sollten bis zum Ernten eine Länge von 3 cm erreicht haben. Ihr Anisaroma passt zu vielen Gerichten.

Getreide: Weizen, Dinkel, Kamut

Im Geschmack mild und süß eignet sich Getreide bereits zum Verzehr, sobald der Keim sichtbar wird. Man kann allerdings mit dem Verzehr auch warten, bis der Keim eine Länge von etwa 1 cm hat. Gekeimtes Getreide kann zunächst kurz im Wasserdampf gegart werden.

Sind die Getreidekeimlinge zu Gras herangewachsen (10–15 cm hoch), wird ausschließlich der daraus (in einem speziellen Entsafter) hergestellte Saft in kleinen Mengen konsumiert.

Grüne Linsen

Grüne Linsen sollten zum Vorkeimen eingeweicht werden, damit sie leichter verdaut und sanft gegart werden können. Das Keimen ist einfach und sobald der Keim sichtbar wird oder wenn die jungen Sprossen die ersten Blättchen bekommen, sind sie für den Verzehr geeignet. Die Keimlinge schmecken eher scharf und sollten 5 Minuten im Wasserdampf gegart werden. Dadurch verlieren sie ihre Schärfe und werden zudem leichter verdaulich. Die 2–3 cm langen Sprossen sollten vor dem Genuss gründlich abgespült werden, um die Schutzhäutchen zu entfernen.

Grüne Sojabohnen

Die häufig Sojabohnensprossen genannten Keimlinge wachsen aus der Mungbohne (nicht zu verwechseln mit der gelben Sojabohne, aus der Tofu und Sojamilch gemacht wird). Die Sprossen der Mungbohne sind einfach zu ziehen und werden mit einer Länge von 2–3 cm gegessen. Werden die kleinen grünen Häutchen vor dem Verzehr entfernt, schmecken sie nicht so scharf (siehe Mungbohnen). Wer empfindlich reagiert, kann die Sprossen auch kurz blanchieren.

Hafer

Haferkörner können kurz gekeimt oder als junge Sprossen verzehrt werden. Die gekeimten Körner werden roh oder im Wasserdampf gegart verzehrt. Die Sprossen sollten etwa 2 cm lang sein.

Hirse

Die kleinen, runden, nicht geschälten Samenkörner bilden kleine, grüne Sprossen, die am besten mit einer Länge von 2–3 cm gegessen werden.

Karotte

Das Keimen der Karottensamen ist nicht ganz einfach und dauert mindestens eine Woche. Die Sprossen sollten vor dem Verzehr gut 4 cm lang sein und kleine Blättchen entwickelt haben.

Kichererbsen

Durch das Einweichen und Vorkeimen werden sie weicher, um dann anschließend sanft gekocht zu werden. Kichererbsenkeimlinge werden ausschließlich mit einer Länge von ungefähr 5 mm verzehrt und sollten vorher kurz blanchiert oder im Wasserdampf gegart werden, um leichter verdaulich zu sein. Gekeimte Kichererbsen sind sehr zart und schmecken angenehm mild. Maximale Keimzeit: drei Tage.

Knoblauch

Die feinen Sprossen werden mit einer Länge von 3–4 cm verzehrt. Ihr Geschmack entfaltet sich am besten, wenn sie in kleinen Mengen über ein Gericht gestreut werden. Knoblauchsprossen sind viel bekömmlicher als Knoblauchzehen.

Kresse

Die schleimhaltigen Samen bilden beim Kontakt mit Wasser eine Art Gel, daher eignen sie sich nicht fürs Keimen im Weckglas. Besser lassen sie sich auf einem flachen Teller keimen oder auf einem Stück Baumwolltuch oder noch besser auf einer nach oben gewölbten Tonform (Kresseigel, Kresselamm usw.). Die Sprossen, die zur Bildung von Chlorophyll Licht benötigen, werden mit einer Länge von 4 cm verzehrt.

Leinsamen

Beim Kontakt mit Wasser produzieren die Samen einen klebrigen Schleim und sollten daher besser auf einem Kresseigel keimen. Leinsamen kann entweder frisch gekeimt oder als etwa 4 cm langer Spross verzehrt werden.

Lauch

Die winzigen, schwarzen Samenkörner brauchen Zeit, um „aufzuwachen". Frühestens nach zehn Tagen haben sich 3–4 cm lange Sprossen gebildet. Dank ihres sehr intensiven Geschmacks reichen schon kleine Mengen, um einem Gericht eine besondere Würze zu verleihen.

Mungbohnen

Gekeimte Mungbohnen werden auch Sojakeimlinge oder -sprossen genannt, da sie zur Familie der grünen Sojabohnen gehören. Grüne Sojabohnen unterscheiden sich deutlich von gelben Sojabohnen, aus denen beispielsweise Tofu und Sojamilch hergestellt wird. Sie besitzen weder die gleiche Nährstoffzusammensetzung noch lassen sie sich auf die gleiche Weise verarbeiten. Um Verwechslungen zu vermeiden, sollte man statt Sojasprossen lieber das Wort Mungbohnensprossen verwenden. Das Keimen ist einfach und die Sprossen sollten mit einer Länge von 2–3 cm geerntet werden (siehe Grüne Sojabohnen).

Quinoa

Sobald der Keim sichtbar wird, kann er gegessen werden. Schon mit einer Länge von 2–3 cm werden die jungen Sprossen schnell welk und sollten daher rasch verzehrt werden. Sie sind angenehm zart und mild und leicht zu keimen. Es dauert nur zwei bis drei Tage, bis sie keimen, allerdings kann es zwei bis sechs Tage dauern, bis sich an den Sprossen die ersten winzigen Blättchen bilden.

Radieschen

Die grünen Sprossen schmecken pfeffrig und scharf und werden daher eher wie ein Gewürz verwendet oder mit anderen Sprossen gemischt. Sie sollten mit einer Länge von etwa 3 cm verzehrt werden.

Reis

Ungeschälter Reis kann sowohl als Keimling wie als junge, 2 cm lange Sprosse verzehrt werden. In beiden Fällen empfiehlt sich, ihn kurz zu garen, entweder im Wasserdampf oder mit anderem Gemüse im Wok.

Rettich

Seine feinen Sprossen sollten vor dem Ernten 2–3 cm lang werden und aufgrund ihres scharfen und ausgeprägten Geschmacks nur in kleinen Mengen zu Rohkostgerichten gereicht werden. Ideal ist es, Rettichsprossen mit anderen, milderen Keimen oder Sprossen zu mischen (beispielsweise mit Alfalfa).

Rote Linsen

Sie lassen sich einfach keimen und schmecken roh hervorragend, sobald der Keim 2–3 mm lang ist. Allerdings sollten sie vorher so lange abgespült werden, bis das zunächst milchige Wasser wieder klar ist. Da rote Linsen gut verträglich sind, brauchen sie vor dem Verzehr nicht blanchiert zu werden. Zudem enthalten sie mehr Eisen und Calcium als die grünen Linsen. Genau wie diese können sie als Keimlinge oder als junge Sprossen verzehrt werden.

Rotkohl

Die kleinen Sprossen mit der hübschen Farbe sollten mit einer Länge von 2–3 cm verzehrt werden. Um ihren charakteristischen Geschmack etwas zu mildern, werden sie häufig mit Alfalfa gemischt.

Rucola

Die 3 cm langen Sprossen haben einen ausgeprägten, scharfen Geschmack. Die schleimbildenden Samen eignen sich nicht für das Keimen im Weckglas, sondern sollten vielmehr in einer flachen Schale, in einem flachen Keimsieb oder auf einem Kresseigel ausgesät werden. Kleine Mengen schmecken vorzüglich in gemischten Salaten. Werden sie in eine heiße Suppe gestreut, schmecken sie nicht ganz so scharf.

Sellerie

Die kleinen 2 cm langen Sprossen duften stark und sind sehr aromatisch.

Senf

Bereits die kleinen, etwa 4 cm langen Sprossen besitzen die für Senf typische, leicht beißende Schärfe.

Sesam

Am Vortag eingeweicht, wird Sesam vorgekeimt oder mit einem gerade 1 mm langen Keim verzehrt. Sesam darf höchstens zwei Tage keimen, da er sonst bitter schmeckt.

Sonnenblumenkerne

Geschälte Sonnenblumenkerne lassen sich leicht keimen und sind vielseitig verwendbar. Mit einem nur wenige Millimeter langen Keim schmecken sie mild und zart. Beim Abspülen leicht gegeneinander reiben, um die kleinen Häutchen zu entfernen. Lässt man ungeschälte Kerne keimen, wachsen an etwa 3 cm langen Sprossen jeweils zwei leuchtend grüne Blättchen.

Spinat

Bis sich feine, 2 cm lange Sprossen gebildet haben, dauert es mindestens eine Woche. Die Sprossen sorgfältig abspülen und sofort verzehren.

Zwiebel

Aus den kleinen schwarzen Samenkörnern wachsen grüne, etwa 2 cm lange Sprossen mit kräftig würzigem Geschmack.

Essenerbrot – das Rohkost-Brot aus gekeimtem Getreide

Essenerbrot wird aus gekeimtem Getreide hergestellt, das zunächst püriert wurde. Der daraus entstandene Teig wird zunächst einige Stunden an einem warmen Ort getrocknet.

Die kleinen, energiereichen Brote sind sehr fest, halten sich mehrere Wochen und eignen sich auch gut für unterwegs. In Bioläden kann man sie fertig kaufen. Häufig werden dem Teig Rosinen, Trockenobst und ölhaltige Körner oder Nüsse beigemischt, damit das Brot etwas süßer schmeckt. Nach diesem Prinzip lassen sich als Brotersatz auch Getreidefladen backen. Die Getreide werden zunächst gekeimt und dann vermischt. Der Teig wird fein ausgerollt und bei geringer Hitze (40 °C) für mehrere Stunden im Ofen oder im Dörrapparat getrocknet.

Erläuterungen zu den Rezepten

Wenn nicht anders angegeben, sind die Mengenangaben jeweils für 4 Portionen berechnet.

Maßangaben und Abkürzungen
1 Glas = 150 ml/1,5 dl
g = Gramm
kg = Kilogramm
l = Liter
ml = Milliliter = 1/1000 Liter
dl = Deziliter = 1/10 Liter
EL = Esslöffel
TL = Teelöffel
Msp = Messerspitze
geh. = gehäuft

Garzeiten
Die angegebenen Backofentemperaturen und Backzeiten beziehen sich auf Elektroöfen mit einem Fassungsvermögen von 35 Litern. Beim Gasherd entspricht eine Stufe jeweils 30 °C (Stufe 6 = 180 °C). Wenn nicht anders angegeben, muss der Ofen für die Gerichte nicht vorgeheizt werden.
Die Garzeiten für die im Wasserdampf zubereiteten Gerichte gelten für Schmortöpfe und Pfannen mit dicken Sandwichböden, die für ein sanftes Garen geeignet sind. Bei dieser Methode bleiben Vitamine und Mineralstoffe weitestgehend erhalten.

Produkte
Sämtliche Zutaten sind in Bioläden, Reformhäusern, in gut sortierten Lebensmittelabteilungen, teilweise auch in Asialäden oder bei Versendern erhältlich.
Wird Margarine verwendet, wählen Sie möglichst eine aus nicht hydrierten Pflanzenfetten. Als Olivenöl sind die extra nativen Sorten zu empfehlen, bei den Pflanzenölen sollte auf Kaltpressung geachtet werden. Zum Erhitzen sind statt der kaltgepressten Öle Bio-Pflanzenöle zu verwenden, die speziell zum Anbraten geeignet sind und unter der Temperatureinwirkung nicht leiden.
Ich habe in den Rezepten zugunsten von pflanzlichen Alternativen auf Milchprodukte verzichtet. Möchten Sie jedoch Kuhmilch verwenden, ändert das nichts an den Mengen. Ersetzen Sie einfach die Soja- durch Kuhmilchprodukte. Es gibt heute eine Vielfalt an pflanzlichen Produkten in Bioqualität, die durchaus eine Alternative zu Milchprodukten aus tierischer Herkunft sind. Auch für Nicht-Vegetarier kann die neue Geschmacksvariante zum Aha-Erlebnis werden. Neben den bekannten Produkten wie Tofu in verschiedenen Varianten gibt es Brotaufstriche und Brotbeläge auf Sojabasis, die Frischkäse, Mozzarella- oder auch Cheddarkäse nachempfunden sind und entsprechend in der Küche verwendet werden können. Statt Kuh- oder Ziegenmilch finden sich heute auch Hafer-, Soja, Reis- und Mandeldrinks (teilweise auch als Sojamilch, Reismilch usw. bezeichnet) sowie weitere Getränke auf veganer Basis im Angebot, die ebenfalls lohnen, für die Küche entdeckt zu werden.

Aperitifs und

Vorspeisen

Tomatensaft
mit Fenchelsprossen

Pro Tomate:
    1–2 EL Fenchelsprossen

Tomaten häuten, Stielansatz ausstechen. Tomaten vierteln und entkernen.

Tomaten und Fenchelsprossen fein pürieren, Drink mit Wasser verdünnen und einer Prise Salz würzen. Sofort genießen.

Karottensaft
mit Alfalfasprossen

    Frische, junge Karotten
    Alfalfasprossen

Karotten säubern, ungeschält in Stücke schneiden und entsaften.

Jedes Glas Karottensaft mit einigen Alfalfasprossen garnieren.

Karottensaft mit Sellerie
und Bockshornklee

6 Karotten
1 Stange Staudensellerie
   Bockhornkleesprossen

Karotten ungeschält in Stücke schneiden. Staudensellerie ebenfalls in Stücke schneiden. Zusammen entsaften.

Jedes Glas Karottensaft mit wenig Bockshornkleesprossen garnieren.

Roter Cocktail

4 Karotten
1 Rote Bete/Rande
   (von der Größe einer Orange)
   Rotkohlsprossen

Karotten ungeschält in Stücke schneiden. Rohe Rote Bete schälen, in Stücke schneiden. Karotten und Rote Bete zusammen entsaften.

Jedes Glas Gemüsesaft mit einem Esslöffel Rotkohlsprossen garnieren.

Rohkostsnack mit gekeimtem Weizen

Für einen gesunden, frühlingshaften Snack Toastbrot einmal durch Karottenscheiben ersetzen und diese mit Keimen und Sprossen garnieren.

2	Karotten
10	Radieschen
3 EL	Nussmus aus Cashewkernen
6 geh. EL	gekeimter Weizen

Karotten schälen und in Scheiben schneiden. Radieschen längs in Scheiben schneiden, damit man möglichst viele große Scheiben bekommt.

Cashewmus in einem Schüsselchen mit wenig Wasser verdünnen, etwas salzen. Weizenkeime unterrühren.

Auf jede Gemüsescheibe eine nussgroße Portion der Weizenmischung geben.

Tip: Cashewmus und Weizenkeime können auch zu einer streichfähigen Paste püriert werden.

Meersalat und Alfalfa auf Puffreiswaffeln ›

Die leichten, geschmackneutralen Puffreiswaffeln eignen sich hervorragend für Canapés, da der Geschmack des Belags besonders gut zur Geltung kommt. Gleiche Waffeln gibt es auch aus Reis-Getreide-Mischungen, z. B. Buchweizen mit Reis, Quinoa oder Reis und Linsen – dann haben sie einen etwas ausgeprägteren Geschmack.

5–6	Puffreiswaffeln
	Pflanzenmargarine oder Mandelmus
	Fleur de Sel oder Meersalz
	(alternativ: Himalaya-Salz)
1 Tasse	Meersalat (Algenart), in Salz eingelegt
	(alternativ: getrocknet – dann beachten, dass das Volumen um fast das Zwölffache zunimmt)
5 geh. EL	Alfalfasprossen

Den Meersalat gut abspülen, vorsichtig trocknen und dann mit der Schere in Stückchen schneiden oder auf einem Brett mit einem scharfen Messer klein hacken. Oder die getrockneten Algen in warmem Wasser einweichen und dann wie oben fortfahren.
Puffreiswaffeln dünn mit Margarine oder Mandelmus bestreichen und mit dem Meersalat belegen, etwas flachdrücken, mit Fleur de Sel bestreuen, mit Alfalfasprossen garnieren.

Polentawürfel
mit Sesam

Für dieses Rezept werden die Sesamsamen vorgekeimt, sie werden so zart und geben der Polenta einen milden Geschmack geben.

125 g	Maisgrieß für Polenta
½ l	Wasser
1 TL	Salz
90 g	Sesamsamen

Sesamsamen einen halben Tag im Wasser einweichen. Die so vorgekeimten Samen in ein feines Sieb geben und abspülen.

Maisgrieß und Wasser in einem Topf unter Rühren aufkochen und unter Rühren bei schwacher Hitze zu einem Brei kochen. Polenta salzen. Topf vom Herd nehmen. Vorgekeimten Sesam unterrühren. Polenta etwa 1 cm dick auf dem eingeölten Rücken eines Backbleches ausstreichen. Erkalten lassen.

Polenta in Würfel schneiden, in jeden Würfel einen Zahnstocher hineinstecken und auf Tellern anrichten. In Kombination mit einem Salat bekommt man eine wunderbare Vorspeise.

Haselnusscreme mit
Bockshornklee ›

Die Nusscreme eignet sich als Belag für geröstete Brotscheiben und zum Füllen von Chicoréeblättern. Die Sprossen sind mehr als eine hübsche Dekoration, sie geben der Creme einen ganz besonderen Geschmack. Anstelle der Bockshornkleesprossen eignen sich auch Alfalfasprossen.

250 g	feste Sojacreme
4 EL	Haselnussöl
½ Glas	geschälte, ganze Haselnüsse
2–3	Chicorée oder
	geröstete Dinkelbrotscheiben
6 geh. EL	Bockshornkleesprossen

Haselnüsse in einer Pfanne trocken (ohne Fett) goldbraun rösten, abkühlen lassen. Haselnüsse im Cutter oder Mixer zerkleinern.

Sojacreme mit dem Haselnussöl glatt rühren, etwas Salz zugeben, gehackte Haselnüsse untermischen.

Chicoréeblätter ablösen. In jedes Blatt einen kleinen Löffel der Haselnusscreme füllen und mit den Sprossen bestreuen.

Variante: Haselnusscreme auf getoastete Dinkelbrotscheiben streichen. Mit den Sprossen bestreuen.

Tofudip mit Rohkost

*Wenn die Creme gekühlt wird, passt sie mit Rohkost
wunderbar auf ein Vorspeisenbuffet.*

3 EL	Nussmus aus Cashewkernen
400 g	Seidentofu, püriert
5 EL	gekeimte Sesamsamen
	Salz

Rohkost:

1–2	Karotten
1	Zucchino
1 Stange	Staudensellerie

Das Cashewmus in eine Schüssel geben. Es sollte so
flüssig sein (Raumtemperatur), dass es sich leicht verrühren lässt. Drei bis vier Esslöffel Tofucreme zugeben
und solange rühren, bis die Creme glatt ist. Mit Salz
würzen. Restlichen Tofu zugeben, glatt rühren. Bis zum
Servieren kalt stellen. Vor dem Servieren Sesamkeime
unterrühren.

Karotten schälen, in lange Stifte schneiden. Zucchino
beidseitig kappen, in Stifte schneiden. Staudensellerie
eventuell schälen und so grobfasrige Teile entfernen, in
Stifte schneiden. Gemüse in Gläser stellen. Dip dazu
reichen.

Avocadocreme mit gekeimten Sonnenblumenkernen ›

*Eigentlich eine Guacamole, die jedoch dank der zarten
Sonnenblumenkeimlinge noch gehaltvoller wird. Variation:
Die gekeimten Sonnenblumenkerne können auch nach
dem Pürieren der Avocado zugegeben werden, um
der Creme etwas Biss zu verleihen.*

2	reife Avocados
	Saft von ½ Zitrone
	Kräutersalz
4 geh. EL	gekeimte Sonnenblumenkerne
1	kleine weiße Zwiebel, grob zerkleinert

Avocados halbieren, Stein herauslösen, Fruchtfleisch
mit einem Esslöffel aus der Schale lösen, mit Zitronensaft, Kräutersalz, Zwiebeln und Sonnenblumenkeimlingen pürieren.

Tipp: Creme als Brotaufstrich oder zu Rohkost reichen.

Canapés mit Paprika und Rotkohlsprossen ›

Die goldbraun gebratenen und mit Paprikacreme und Rotkohlsprossen garnierten Polentarondellen sehen hübsch und edel aus.

125 g	Maisgrieß für Polenta
½ l	Wasser
1 TL	Salz
Olivenöl	
6 EL	Sojacreme
2 Prisen	Rosenpaprikapulver
Salz	
6–8 EL	feine Rotkohlsprossen

Maisgrieß und Wasser in einem Topf unter Rühren aufkochen, unter Rühren bei schwacher Hitze zu einem Brei kochen. Polenta salzen. Topf vom Herd nehmen, Polenta etwa 1 cm dick auf dem eingeölten Rücken eines Backbleches ausstreichen. Erkalten lassen.

Erkaltete Polenta mit Tarteletteförmchen ausstechen.

Polentascheiben in der Bratpfanne in wenig Olivenöl langsam goldbraun braten. Pro Pfannenfüllung etwa 2–3 EL Öl verwenden.

Die Polentascheiben auf Küchenkrepp abtropfen und anschließend erkalten lassen.

Für die Sauce Sojacreme mit Rosenpaprika und Salz gut verrühren.

Polentascheiben mit der Paprikacreme und den Rotkohlsprossen garnieren, sofort servieren.

Suppen

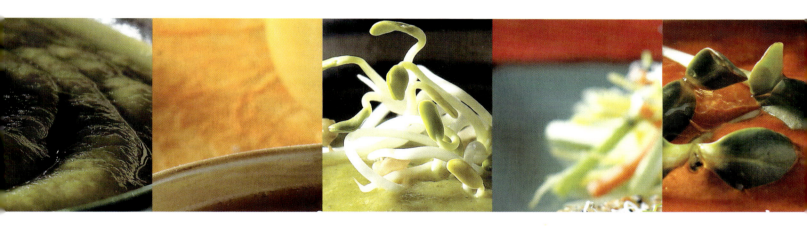

Erbsensuppe mit Radieschensprossen

Aus Erbsen lässt sich eine wunderbare, leicht süßlich schmeckende Suppe zubereiten, die gut mit dem scharfen Geschmack junger Radieschensprossen und dem milden Geschmack des Sesamöls harmoniert.

1 EL	Olivenöl
1	Schalotte, fein gewürfelt
500 g	frische grüne Erbsen
700 ml/7 dl	Wasser
	Salz
4 EL	Sesamöl
5 EL	Radieschensprossen

Schalotten im Olivenöl andünsten, Erbsen kurz mitdünsten, Wasser zugeben, leicht salzen, aufkochen, 5 Minuten köcheln lassen. Topfinhalt pürieren und durch ein Sieb streichen. Nochmals erhitzen.

Suppe in Schälchen füllen, mit Sesamöl beträufeln. Mit Radieschensprossen garnieren.

Karotten-Fenchel-Suppe ›

Der Geschmack der Karotten passt wunderbar zum leichten Anisaroma der Fenchelsprossen.

400 g	Karotten
1 Stange	Lauch (ohne Grün)
700 ml/7 dl	Wasser
	Salz
4 EL	Distelöl
5 geh. EL	Fenchelsprossen

Karotten schälen, zerkleinern. Grobfasrige Teile beim Lauch entfernen, Stange in Scheiben schneiden.

Karotten, Lauch, Wasser und Salz in einem Topf aufkochen, bei schwacher Hitze köcheln lassen, bis die Karotten weich sind. Topfinhalt pürieren.

Karottensuppe in Teller füllen, mit Distelöl beträufeln. Mit Fenchelsprossen garnieren.

Chinesische Suppe mit Mungbohnensprossen

Mungbohnensprossen werden landläufig oft als Soja-sprossen bezeichnet. Als Variation können Sie eine Hand-voll feine Reisnudeln unter die Suppe mischen, um sie gehaltvoller zu machen.

1	Zwiebel, fein gewürfelt
1	Karotte, geschält, klein gewürfelt
2	frische Shiitake, in Streifen
2 EL	Algenflocken
1½ l	Wasser
50 g	Tofu
5 EL	Mungbohnensprossen
	Salz
	einige frische Korianderblätter (optional)
	Sojasauce

Zwiebeln, Karotten, Shiitake, Algenflocken und Wasser aufkochen, etwa 10 Minuten köcheln lassen.

Tofu in 5 mm große Würfelchen schneiden und mit Soja-sprossen zur Suppe geben. Herd ausschalten. Suppe nur leicht salzen, damit jeder anschließend selbst Sojasauce nach Geschmack zugeben kann. Mit klein gehackten Korianderblättern bestreuen.

Zucchinisuppe mit Bockshornklee ›

Diese Suppe ist cremig mild mit einem leichten Kurkuma-aroma. Daher habe ich dazu Bockshornkleesprossen gewählt, die der Suppe einen kräftigen Geschmack und einen orientalischen Duft verleihen.

700 g	Zucchini
1 EL	Olivenöl
1 Prise	Kurkumapulver
300 ml/3 dl	Wasser
	Salz
4 EL	feine Bockshornkleesprossen

Zucchini beidseitig kappen, ungeschält in Scheiben schneiden.

Olivenöl und Kurkuma in einem Topf bei schwacher Hitze unter Rühren kurz rösten. Zucchini und Wasser zu-geben, Suppe bei schwacher Hitze 10 Minuten köcheln lassen. Topfinhalt pürieren.

Zucchinisuppe nochmals erhitzen, eventuell muss die Suppe mit etwas Wasser verdünnt werden. Anrichten. Mit Bockshornkleesprossen garnieren.

Tomatensuppe mit roten Linsenkeimlingen

Gekeimte rote Linsen schmecken mild und knackig und verleihen dieser gebundenen Tomatensuppe eine ganz besondere Note.

6	reife Tomaten
1	Lorbeerblatt
1 Prise	Majoran
4 EL	Olivenöl
3 EL	Quinoacreme (vorgekochtes Quinoamehl); alternativ: 3 EL Quinoa- oder Kastanienmehl (ebenfalls glutenfrei)
300 ml/3 dl	Wasser
	Salz
4 geh. EL	rote Linsenkeimlinge

Feste Tomaten mit Sparschäler schälen. Sonst Tomaten kurz in kochendes Wasser tauchen, kalt abschrecken, schälen. Stielansatz ausstechen, Tomaten zerkleinern.

In einer Schüssel Quinoacreme oder Mehl mit dem Wasser glatt rühren.

Tomaten, Lorbeerblatt und Prise Majoran im Olivenöl unter Rühren dünsten. Quinoawasser einrühren, Suppe köcheln lassen, bis sie bindet. Lorbeerblatt entfernen. Suppe salzen. Pürieren.

Suppe nochmals erhitzen, anrichten. Mit den roten Linsenkeimlingen bestreuen.

Gazpacho von roten Paprika mit Keimlingen und Sprossen von Sonnenblumenkernen ›

Eine kalte Suppe, die in hübschen Gläsern als Aperitif serviert oder mit Toast als Vorspeise gereicht werden kann. Die gekeimten Sonnenblumenkerne werden in diesem Rezept als Keimlinge und als Sprossen verwendet. Erstere werden unter die Suppe gemischt, mit letzteren wird die Suppe garniert. Eine Möglichkeit, die Keime in zwei unterschiedlichen Entwicklungsstadien zu kosten.

3	rote Gemüsepaprika/Peperoni
1	Knoblauchzehe, fein gewürfelt
3 EL	Olivenöl
150 ml/1,5 dl	Wasser
6 EL	gekeimte Sonnenblumenkerne
	Salz
	Arganöl (optional)
4 EL	Sonnenblumenkernsprossen

Gemüsepaprika halbieren, Stielansatz, Kerne sowie weiße Rippen entfernen, Schotenhälften in Streifen schneiden.

Gemüsepaprika und Knoblauch im Olivenöl bei schwaher Hitze unter gelegentlichem Rühren 10 Minuten dünsten. Wasser zugeben. Köcheln lassen, bis der Gemüsepaprika weich ist. Suppe mit Sonnenblumenkeimen pürieren. Salzen. Gazpacho erkalten lassen und kühl stellen.

Gazpacho anrichten. Mit Arganöl beträufeln, das der Suppe einen wunderbar südländischen Duft verleiht. Mit Sonnenblumensprossen garnieren.

Lauchsuppe
mit Knoblauchsprossen

*Der Seidentofu gibt der Lauchsuppe eine angenehme
Konsistenz. Die feinen Knoblauchsprossen runden
das Aroma ab und die gehackten Mandeln verleihen
Biss.*

3 Stangen	Lauch
2 EL	Olivenöl
½ TL	Kurkumapulver
400 g	Seidentofu, gewürfelt
	Salz
3 EL	feine Knoblauchsprossen
3 EL	Mandelstifte, geröstet

Grobfasrige Teile beim Lauch entfernen, Stangen in
Scheiben schneiden.

Olivenöl und Kurkuma bei schwacher Hitze leicht
erwärmen. Lauch zugeben, bei schwacher Hitze weich-
garen.

Lauch mit Tofu fein pürieren. Suppe in den Topf geben,
erhitzen, aber nicht mehr kochen. Mit wenig Salz
abschmecken.

Lauchsuppe anrichten. Mit Knoblauchsprossen und
Mandelstiften garnieren.

Minestrone mit
gekeimten Linsen ›

*Zu einer Minestrone passen gekeimte Hülsenfrüchte
wunderbar. Ein Vorschlag für eine vollwertige Suppe.*

2 l	Wasser
2 Handvoll	zarte grüne Bohnen
1	Karotte
2	Zucchini
1 Handvoll	Nudeln (Makkaroni oder Muschelnudeln)
3 EL	Olivenöl
5 geh. EL	gekeimte grüne Linsen
	einige Basilikumblätter

Stielansatz der Bohnen abschneiden, gleichzeitig den
zähen Faden abziehen, Bohnen in 3 cm lange Stücke
schneiden. Zucchini beidseitig kappen, ungeschält in
Würfel schneiden. Karotte schälen und in Würfelchen
schneiden.

Bohnen mit Wasser aufkochen und knackig kochen.
Karotten zugeben, 10 Minuten mitkochen. Zucchini
und Nudeln zugeben, kochen lassen, bis die Nudeln
al dente sind. Salzen.

Suppe anrichten. Mit Olivenöl beträufeln. Gekeimte
Linsen darüberstreuen. Mit Basilikum garnieren.

Kalte und warme

Saucen

Salatsauce mit Sonnenblumenkeimlingen und Sojasauce

Diese Salatsauce kann anstelle einer Vinaigrette verwendet werden. Mit ihrer angenehmen Sämigkeit ähnelt sie einer Senfsauce.
Ihr würziger Geschmack passt besonders gut zu Chicorée, gedämpftem Lauch, Endiviensalat und geriebenen Karotten oder Roten Beten.

5 EL	gekeimte Sonnenblumenkerne
1 EL	Tamari Sojasauce
2 EL	Sonnenblumenöl
	Saft von ½ Zitrone

Sonnenblumenkeimlinge in einer Kräutermühle zerkleinern, zur Sojasauce zugeben. Sonnenblumenöl unterrühren und je nach Geschmack mehr oder weniger Zitronensaft zufügen. So lange rühren, bis eine sämige Sauce entsteht.

Sauce mit gekeimten roten Linsen ›

Walnussöl und der Duft des Kreuzkümmels passen wunderbar zu den zarten gekeimten roten Linsen. Eine Sauce, die hervorragend zu Getreide passt (Reis, Buchweizen, Quinoa usw.) oder lecker zu Rohkost (Rettich, geriebene Karotten oder Salat) schmeckt.

6 EL	gekeimte rote Linsen
4 EL	Walnussöl/Baumnussöl
2 Prisen	gemahlener Kreuzkümmel
	Salz

In einer kleinen Schüssel Walnussöl mit Kreuzkümmelpulver und Salz verrühren, Linsenkeimlinge zufügen. Zu Reis oder Getreide servieren.

Mandel-Mayonnaise mit gekeimtem Sesam

Diese rein pflanzliche, wie eine Mayonnaise aufgeschlagene Sauce passt wunderbar zu gedämpftem Gemüse, vor allem zu Kürbis, Karotten und Brokkoli und zu Folienkartoffeln.

3 geh. EL	Mandelmus
	Saft von ½ Zitrone
3–8 EL	Reisdrink (alternativ: Sojadrink)
1 EL	gekeimter Sesamsamen
	Salz

Mandelmus mit Zitronensaft und drei Esslöffel Reisdrink im Mixer aufschlagen. Salzen, dann erneut etwas Reisdrink zugeben und wieder aufschlagen. Falls die Sauce zu dick wird, noch etwas Reisdrink zugeben und wieder mixen.

Diese Mayonnaise ist in wenigen Sekunden fertig. Hat sie die gewünschte Konsistenz, den gut abgetropften, gekeimten Sesam untermischen.

Winterliche Sauce mit roten Linsen ›

Diese Kürbissauce passt zu Pfannkuchen, Nudel- oder Getreidegerichten.

800 g	Kürbis, mehlige Sorte
1 Stange	Lauch (ohne Grün)
2 EL	Olivenöl (optional)
3 EL	Wasser
250 g	Champignons
1 EL	Pflanzenmargarine
	Salz, Pfeffer aus der Mühle
3 EL	gekeimte rote Linsen

Kürbis halbieren, entkernen und schälen, Fruchtfleisch in kleine Würfel schneiden. Beim Lauch grobfasrige Teile entfernen, in Scheiben schneiden.

Kürbis und Lauch im Olivenöl andünsten, mit dem Wasser ablöschen, köcheln lassen, bis der Kürbis weich ist. pürieren.

Champignons in dünne Scheiben schneiden, in der Margarine bei starker Hitze unter Rühren anbraten. Anschließend mit Salz und Pfeffer würzen. Zusammen mit den gekeimten roten Linsen zur heißen Kürbissauce geben.

Variante: Je nach Verwendung können die gebratenen Champignons mit dem Kürbis püriert werden.

Sauce aus weißen Auberginen

Weiße Auberginen, die in etwas Öl mit Knoblauch und Petersilie angebraten werden, erinnern an zart schmelzende Pilze. Diesem Rezept füge ich wegen des würzigen Geschmacks Bockshornkleesprossen zu. Wer es milder mag, kann Kresse verwenden.

2	weiße Auberginen
6 EL	Olivenöl
2	Knoblauchzehen, klein gewürfelt
5 EL	flüssige Sojacreme (eventuell etwas mehr)
5 EL	feine Bockshornkleesprossen (alternativ: Kresse)

Auberginen beidseitig kappen und in kleine Würfel schneiden. Sollte die Haut sehr dick (zäh) sein, vorher mit de Sparschäler schälen.

Knoblauch und Auberginen im Olivenöl andünsten und bei schwacher Hitze weich dünsten, von Zeit zu Zeit umrühren. Mit Salz würzen. In eine Küchenmaschine geben, bei laufender Maschine Sojacreme einrühren.

Die Sauce kann mit Bockshornkleesprossen oder Kresse garniert z. B. lauwarm zu Toast gereicht werden. Wird sie zu Rohkost oder gefülltem Gemüse kalt gegessen, sollten die Sprossen im letzten Moment untergerührt werden.

Fenchelsauce mit gekeimtem Buchweizen ›

Eine leichte Sauce, die gut zu Gemüsepasteten oder zu Ravioli passt, die mit Tofu oder mit Gemüse gefüllt sind. Heiß in einer kleinen Tasse serviert kann sie als appetitanregendes Süppchen vor einer größeren Mahlzeit serviert werden. Gekeimter Buchweizen schmeckt mild und die leicht mehlige Konsistenz passt wunderbar zur sahnigen Fenchelcreme.

2	kleine Fenchelknollen (etwa 300 g)
150 ml/1,5 dl	Wasser
4 EL	gekeimter Buchweizen
	Kräutersalz

Den harten Boden der Fenchelknollen abschneiden. Fenchel im Wasser weich garen. Topfinhalt pürieren, würzen, mit gekeimtem Buchweizen garnieren.

Für eine Suppe die Sauce mit Wasser verdünnen, nochmals erhitzen, anrichten, den gekeimten Buchweizen darüberstreuen.

Tofusauce mit Senfsprossen

*Eine leichte Sauce mit einem pikanten Überraschungs-
effekt: den Senfkeimlingen. Die Sauce auf Sojabasis ist
eine ausgewogene Ergänzung zu einem Getreidegericht
mit gedämpftem Gemüse.*

200 g	Seidentofu
100 ml/1 dl	Olivenöl
	Salz und Pfeffer
½ TL	Kurkumapulver
3 EL	Senfsprossen

Tofu und die Hälfte des Olivenöls einige Sekunden in
der Küchenmaschine mixen, bis eine glatte Paste entsteht, mit Salz, Pfeffer und Kurkuma würzen, restliches
Olivenöl zugeben. Dieses Mal länger mixen, bis die
Sauce an Volumen sichtbar zugenommen hat. Eventuell
nachwürzen. In eine Schüssel füllen. Kühl stellen.

Senfsprossen vor dem Servieren unter die Tofusauce
rühren.

Kompositionen

mit Salaten und rohem Gemüse

Gemischter Salat mit Petersilie

Zu diesem Salat mit feinen Sprossen passt eine leicht süßsaure Sauce. Variation: eine Sauce mit Umepflaumensaft (siehe Rezept Seite 82) ergänzt diesen Salat ebenfalls gut.

gemischter Salat
1 kleine Handvoll glattblättrige Petersilie
5–6 geh. EL Sprossen nach Wahl: Alfalfa, Bockshornklee, Fenchel, Rotkohl, Rucola oder Kresse

Für die Sauce:
1 EL Balsamico
1 TL Reissirup
4–5 EL Sonnenblumenöl
Salz

Balsamico und Reissirup in einer Salatschüssel verrühren, Sonnenblumenöl unterrühren, mit Salz würzen. Salat zugeben, Petersilienblättchen von den Stielen zupfen, mit den Sprossen in die Schüssel geben. Alles mischen. Sofort servieren.

Salat von jungem Spinat mit gekeimten Sonnenblumenkernen und Zitronensauce ›

Sie können ganz nach Belieben dieser Mischung auch andere grüne Salatblätter beifügen oder den Feldsalat durch Kopfsalat ersetzen.

1 Handvoll zarte Spinatblätter
1 Handvoll Rucola
2 Handvoll Feld-/Nüsslisalat
5 EL gekeimte Sonnenblumenkerne

Für die Sauce:
1 TL Zitronensaft
4–5 EL Sonnenblumenöl
Salz

In einer Salatschüssel das Öl langsam in den Zitronensaft einrühren und etwas salzen. Spinat und Salat in die Schüssel geben, mit der Sauce vermischen. Mit den Sonnenblumenkeimlingen bestreuen, sofort servieren.

Tofusalat mit Sprossen

Kürbis-Karotten-Salat mit Rotkohlsprossen ›

Tofuwürfel und junge Sprossen ergeben eine Mischung, die reich an Eiweiß, Vitaminen und Enzymen ist. Tofu findet man mit Gemüse gemischt und in Öl eingelegt in den Kühlregalen der Bioläden.

Das Orange von Kürbis und Karotten wird durch die winzigen, lilafarbenen Rotkohlsprossen noch leuchtender.

1	Friséesalat
6 EL	gekeimte Sonnenblumenkerne
4 EL	Alfalfasprossen (oder Fenchelsprossen)
200 g	marinierter Tofu (alternativ: Räuchertofu)

¼	kleiner Hokaido-Kürbis (ca. 100 g)
2	Karotten
5–6 EL	feine Rotkohlsprossen

Für die Salatsauce:

1 TL	Sojasauce (Tamari oder Shoyu)
6 TL	Oliven- oder Sonnenblumenöl
1 TL	Gomasio (japanisches Sesamsalz)

Friséesalat in die einzelnen Blätter zerlegen, Blätter eventuell zerkleinern.

Den Tofu in kleine Würfel schneiden und mit der Hälfte der Marinade, die als Sauce dient, in eine Salatschüssel geben. Salat, Keimlinge und Sprossen zum Tofu geben, mischen.

Sojasauce in eine Salatschüssel geben, Öl unterrühren, Gomasio zugeben, rühren, bis die Sauce gebunden ist.

Karotten schälen. Kürbis entkernen und schälen. Kürbis und Karotten auf einer groben Rohkostreibe zur Sauce raspeln, alles vermischen, mit den Rotkohlsprossen bestreuen.

Frühlingsrollen mit zweierlei Saucen ›

Jede Frühlingsrolle wird in ein Blatt Reispapier gewickelt, verstärkt durch eine Banderole aus Norialgen. Das Ergebnis ist nicht nur ein einzigartiger Geschmack, sondern auch ein dekorativer Kontrast innerhalb dieses farbenfrohen Gerichts. Die Mischung aus Roter Bete mit einer Art „Sojasahne" ergibt eine violette Mousse, die mit den mit winzigen weißen Quinoakeimlingen gefüllten Kopfsalatblättern um die Wette leuchtet.

Frühlingsrollen:

200 g	geräucherter oder gewürzter Tofu
200 g	gekochter Vollkornreis
80 g	Mungbohnensprossen (grüne Sojabohnen)
4 EL	Sonnenblumenkernsprossen
2 Prisen	Paprikapulver
	Salz
2	Nori-Algenblätter
8	Reispapierblätter (frisch oder getrocknet)

Miso-Erdnuss-Sauce:

1 EL	Erdnusscreme
4–5 EL	Wasser
1 TL	Miso (japanische Würzpaste aus fermentierten Sojabohnen oder fermentiertem Getreide)

Rote-Bete-Mousse:

1	kleine weiße Zwiebel
100 g	rohe Rote Bete/Rande
100 g	Sojaschlagcreme
2 EL	Rapsöl
	Salz

Salat:

1	Kopfsalat
3–4 EL	Sonnenblumenöl
1 TL	Zitronensaft
	Salz
1	Knoblauchzehe, geschält, klein gewürfelt
4 geh. EL	Quinoakeimlinge

Für die Frühlingsrollen den Tofu in einer Schüssel mit einer Gabel zerdrücken und mit dem gekochten Reis mischen. Mungbohnen- und Sonnenblumensprossen zugeben und mit Salz und Paprika würzen.

Noriblätter in vier 4–5 cm breite Streifen schneiden. Getrocknete Reisblätter auf ein feuchtes Geschirrtuch legen und mit Wasser befeuchten, bis die Blätter weich sind. Frische Reispapierblätter sind in den Kühlregalen der Asia- und Bioläden erhältlich und müssen vorher nicht befeuchtet werden.

Je einen Noristreifen senkrecht auf die Mitte eines Reispapiers legen, sodass er bis an den unteren Rand des Kreises reicht. Einige Löffel Füllung auf den oberen Teil des Kreises geben und zu einem waagerechten Klößchen formen. Erst die linke und dann die rechte Seite des Reispapiers über der Füllung einschlagen, dann die untere Seite und das gefüllte Reispapier nach oben hin zu einer Frühlingsrolle zusammenrollen.

Für die Miso-Erdnuss-Sauce die Erdnusscreme in einer kleinen Schüssel in drei Esslöffeln Wasser auflösen. Die Misopaste zugeben und gut verrühren, dabei noch einmal ein bis zwei Esslöffel Wasser zugeben.

Für die Rote-Bete-Mousse die Rote Bete schälen, in Stücke schneiden und in der Küchenmaschine klein hacken. Grob gehackte weiße Zwiebel zugeben, alles sehr fein hacken. Sojaschlagcreme und Rapsöl zugeben und salzen. In der Küchenmaschine zu einer glatten Creme aufschlagen.

Kopfsalat in die einzelnen Blätter zerlegen, eventuell zerkleinern. Sonnenblumenöl, Zitronensaft, Salz und Knoblauchzehe in eine Salatschüssel geben, verrühren. Kopfsalat zugeben, alles mischen.

Auf jeden Teller zwei Frühlingsrollen legen, Kopfsalat dazu anrichten, mit den Quinokeimlingen garnieren. Miso-Erdnuss-Sauce und Rote-Bete-Mousse separat servieren.

Wurzelgemüse mit Sprossenremoulade und Sauerkraut ›

Das Rapsöl harmoniert ausgezeichnet mit dem milden Aroma des rohen Sauerkrauts, das Kurkumapulver verströmt einen warmen Duft. Das Haselnussmus macht die Sprossenremoulade cremig und geschmeidig. Die in feine Scheiben geschnittenen Rote Bete und die dünnen Scheibchen des schwarzen Rettichs bilden einen interessanten Kontrast auf dem Tellerrand.

4 EL	Rapsöl
2 Prisen	Kurkumapulver
200 g	frisches Sauerkraut
4 EL	Bockshornkleesprossen

Sprossenremoulade:

3 EL	Haselnussmus
6 EL	Sojacreme
	Salz
100 g	Mungbohnensprossen (grüne Sojabohnen)
50 g	Keimlinge von Sonnenblumenkernen

1	Rote Bete/Rande
1	kleiner schwarzer Rettich/Winterrettich

Das Rapsöl und den Kurkuma in einer Salatschüssel verrühren. Sauerkraut und Bockshornkleesprossen zufügen, alles mischen.

In einer weiteren Salatschüssel die Remoulade zubereiten. Dafür das Haselnussmus (bei Raumtemperatur ist es genug flüssig) und die Sojacreme glattrühren, mit Salz abschmecken. Sprossen und Keimlinge unterrühren.

Rettich und Rote Bete schälen. Beide in hauchdünne Scheiben schneiden oder hobeln. Jeweils eine Tellerseite mit einer Reihe von Rote-Bete-Scheiben und eine mit einer Reihe von Rettichscheiben garnieren. In der Mitte getrennt etwas Sauerkraut und Remoulade anrichten.

Winterliche Rohkost
mit Haselnussdrink ›

*Das Getränk auf Haselnussbasis – die Nüsse werden
am Vortag eingeweicht – dient als Aperitif und wird von
einer Auswahl winterlicher Gemüse umgeben. Das Aroma
der Haselnüsse entfaltet sich auf vielerlei Weise: beim
Knabbern der frischen, am Vortag eingeweichten Haselnüsse und beim Genuss des milden Haselnussdrinks
und der cremigen Sauce auf Basis von Haselnussmus.*

Haselnussdrink:
200 g	geschälte Haselnüsse
400 ml/4 dl	Wasser

300 g	Champignons
	etwas Zitronensaft
1	kleiner Knollensellerie
4	Chicorée
4–6 EL	gekeimte rote Linsen
4	kleine Essener Brote

Sauce zur Rohkost:
4 EL	Haselnussmus
4 EL	Tamari (Sojasauce)
8–10 EL	Wasser

Die Haselnüsse am Vortag im Wasser einweichen.

Am nächsten Tag 12 Haselnüsse beiseitelegen. Restliche Haselnüsse mit Flüssigkeit zu einer feinen Creme
pürieren. Die Creme durch ein Haarsieb streichen und
die Flüssigkeit auffangen (die Nussrückstände im Sieb
für Pfannkuchen, für eine Creme oder einen Kuchenteig
verwenden). Haselnussdrink auf Gläser oder Tassen
verteilen.

Für die Sauce Haselnussmus in der Sojasauce auflösen
und mit ein paar Löffeln Wasser verrühren.

Champignons in feine Scheiben schneiden, mit ein paar
Tropfen Zitronensaft beträufeln, damit sie sich nicht
braun verfärben.

Sellerie schälen, fein raspeln und ebenfalls mit ein paar
Tropfen Zitronensaft beträufeln, um eine Oxidation zu
verhindern.

Chicorée der Länge nach vierteln und das untere, oft
bitter schmeckende Ende abschneiden.

Haselnussdrink in Schälchen gießen, auf Teller stellen.
Chicoréeviertel auffächern und dazulegen. Pilze, Sellerie und gekeimte rote Linsen dazugeben, mit der Hasel-
nuss-Sojasauce beträufeln. Restliche Haselnüsse grob
hacken und über den Sellerie streuen. Mit Essenerbrot
(siehe Seite 35) servieren..

Sommerliches Quinoa-Tabbouleh mit Tomaten ›

Leuchtende Farben zeichnen dieses Gericht aus, das aus einer Guacamole, Tomaten mit feinen Fenchelsprossen, einer Tabbouleh mit Petersilie und gekeimter Quinoa besteht. Dazu passen Essenerfladen, die aussehen wie getrocknete Crêpes, sich aber von dem Essenerbrot (wesentlich kompakter) deutlich unterscheiden.

4	reife Tomaten
3 EL	Olivenöl
2 Prisen	Selleriesalz
5 EL	feine Fenchelsprossen

Quinoa-Tabbouleh:

1 Bund	glattblättrige Petersilie
1	weiße Zwiebel
1 Glas	Quinoakeimlinge
½ Glas	Sesamkeimlinge
4 EL	Sesamöl
	Salz nach Geschmack

Leichte Guacamole:

3	Avocados
2 EL	Zitronensaft
	Kräutersalz
1	kleiner Zucchino

Tapenade aus schwarzen Oliven
kleine Essenerbrote (siehe Seite 35)
oder Fladen

Tomaten häuten, Stielansatz ausstechen, Tomaten vierteln, entkernen, in möglichst kleine Würfel schneiden, in eine Salatschüssel geben und mit Olivenöl und Selleriesalz vermischen.

Abgezupfte Petersilie und weiße Zwiebel fein hacken und in einer Salatschüssel mit den Keimlingen mischen. Sesamöl darüberträufeln, untermischen. Nach Belieben salzen.

Avocados halbieren, Stein entfernen, Fruchtfleisch mit einem Esslöffel aus der Schale lösen. Avocadofleisch mit einer Gabel zerdrücken und mit dem Zitronensaft beträufeln. Mit Kräutersalz würzen. Zucchino beidseitig kappen, fein raspeln, unter das Avocadopüree rühren.

Vier Teller bereitstellen, jeweils einige dünne Essenerfladen oder ein kleines Essenerbrötchen mit einem Löffel Tapenade, etwas Quinoa-Tabbouleh, einigen Löffeln Guacamole und mit etwas Fenchelsprossen garnieren Tomatensalat dazugeben.

Kopfsalat mit Linsensprossen

Gekeimte grüne Linsen haben einen scharfen Geschmack, daher sollten sie mit milden Aromen kombiniert werden (hier mit Avocado) und zudem nur in kleinen Mengen verwendet werden.

4–5 geh. EL	gekeimte grüne Linsen
1	Kopfsalat
1	Avocado

Für die Salatsauce:

5 EL	Walnussöl/Baumnussöl
1 Prise	Kurkumapulver
	Salz

In einer Salatschüssel Kurkuma und Walnussöl glatt rühren, mit Salz würzen.

Die Linsen können, wie auf Seite 33 beschrieben, vor dem Verzehr kurz blanchiert werden.

Salatblätter in die einzelnen Blätter zerlegen, Blätter eventuell zerkleinern.

Avocado schälen, halbieren, Stein entfernen. Fruchtfleisch in Würfelchen schneiden.

Alle Zutaten zur Sauce geben, gut vermengen. Sofort servieren.

Hauptgerichte

Salat mit zweierlei Linsen

Ein Rest bereits gekochter grüner Linsen (Du Puy- oder Berglinsen) lässt sich, gemischt mit einer flüssigen Hafercreme, in einen wunderbaren Salat verwandeln. Dank der gekeimten Linsen schmeckt der Salat belebend und knackig.

5 geh. EL	gekeimte Linsen
2 EL	Sesamöl
1 Prise	Curry
	Salz
150 ml/1,5 dl	flüssige Hafercreme (alternativ: Sojacreme)
1 Schale	bereits vorgekochte Linsen

Gekeimte Linsen kurz dämpfen oder blanchieren.

Sesamöl und Curry in einer Salatschüssel verrühren, mit Salz abrunden und Hafercreme unterrühren. Vorgekochte Linsen untermischen. Linsenkeimlinge darüberstreuen und sofort servieren.

Mangoldsalat mit gekeimten Kichererbsen und Ume-Vinaigrette ›

Umesaft – gewonnen aus kleinen japanischen Umepflaumen – ist eine Würze, die wie Essig verwendet wird. Sein Duft ist blumig und erinnert an Kirschen. Der Mangoldsalat wird lauwarm serviert, da so die Aromen der Sauce am besten zur Geltung kommen.

	Grüne Blätter von etwa 10 Mangoldstielen
1 Schale	gekeimte Kichererbsen

Für die Vinaigrette:

2 EL	Umesaft (Asialaden)
6 EL	Sonnenblumen- oder Sesamöl
	Salz nach Geschmack

Kichererbsen, wie auf Seite 22 beschrieben, keimen lassen und nach drei Tagen verwenden.

Mangoldblätter quer in Streifen schneiden. Mangoldblätter und gekeimte Kichererbsen im Dämpfaufsatz 10–15 Minuten sanft garen.

Umesaft in eine Salatschüssel geben, nach und nach Öl einrühren, eventuell leicht salzen. Zusätzliches Würzen ist nicht erforderlich. Mangold und Kichererbsen hineingeben, umrühren und sofort servieren.

Fenchelterrine

Die sehr leichte Terrine bringt sowohl den Geschmack der Fenchelknollen als auch den der Fenchelsprossen wunderbar zur Geltung bringt.

2	Fenchelknollen
1	Karotte
75 ml/0,75 dl	Wasser
75 ml/0,75 dl	Reisdrink
3	Eier
1 TL	Kümmelsamen
2 EL	Olivenöl
	Salz
4 EL	Fenchelsprossen

Fenchel in Scheiben schneiden. Karotte schälen und ebenfalls in Scheiben schneiden. Gemüse im Wasser weich garen, leicht salzen. Abgießen, Kochflüssigkeit aufbewahren.

Gemüse und Reisdrink pürieren. Etwas abkühlen lassen, anschließend die Eier zugeben und erneut mixen. Den Backofen auf 180 °C (Gasherd: Stufe 6) vorheizen.

Eine Terrineform mit Öl auspinseln, Kümmelsamen auf den Boden streuen. Gemüsepüree daraufgießen.

Terrine auf der zweituntersten Schiene in den Ofen schieben, bei 180 °C stocken lassen. Das dauert etwa 25 Minuten. Eventuell mit Alufolie abdecken.

Öl und Gemüsewasser verrühren, abschmecken mit Salz, Fenchelsprossen zugeben.

Heiße Gemüseterrine mit der Sauce übergießen oder erkaltete Terrine in Scheiben schneiden und als Vorspeise servieren.

Gourmetomelett ›

Die dicke Sojacreme lässt sich auch durch flüssigere Alternativen (Soja-, Reis- oder Haferdrink) ersetzen. Das Omelette wird dadurch weniger fest.

Für 2 Personen:

3	Eier
3 geh. EL	dicke Sojacreme
	Kräutersalz
2 EL	gekeimter Weizen oder
	gekeimte Sonnenblumenkerne
3 EL	Alfalfasprossen
2 EL	Öl zum Braten

Eier und Sojacreme mit dem Schneebesen aufschlagen, salzen.

Öl in einer beschichteten Bratpfanne erwärmen, Eiermasse zugeben, zudecken. Wenn das Omelett fast gestockt ist, Weizenkeime darüberstreuen und mit der Gabel oberflächlich untermischen. Bei schwacher Hitze zu Ende garen. Bratpfanne vom Herd nehmen, Alfalfasprossen darüberstreuen. Sofort servieren.

Risotto mit Sonnenblumen-keimlingen

Die Sonnenblumenkeimlinge werden erst unter den fertig gegarten Risotto gemischt. Eine wunderbare Beilage zu gebratenem Gemüse und Pilzen oder im Dampf gegartem Gemüse.

240 g	Vollwertrundkornreis
600 ml/6 dl	Wasser
2 geh. EL	Mandelmus
300 ml/3 dl	Wasser
	Salz
	Pfeffer
	Muskatnuss, frisch gerieben
3 EL	gekeimte Sonnenblumenkerne

Mandelmus mit so viel Wasser glatt rühren, dass man die Konsistenz einer Milch bekommt.

Reis und Wasser aufkochen, bei schwacher Hitze weich kochen. Wenn der Reis das Wasser vollständig aufgenommen hat, Mandelmilch unterrühren. Topf vom Herd nehmen, Reis zugedeckt fünf Minuten quellen lassen.

Vor dem Servieren Risotto bei niedriger Temperatur unter Rühren erwärmen, mit Salz, Pfeffer und Muskatnuss würzen, gekeimte Sonnenblumenkerne unterrühren.

Gemüsepaella mit Sprossen ›

Dieser Gemüsereis wird nach dem Garen mit einer Mischung aus Keimen und Sprossen verfeinert. Ich wähle häufig rote Linsen, um dem Gericht eine schöne Farbe zu geben, aber auch andere Sprossen eignen sich sehr gut.

1	rote Gemüsepaprika/Peperoni
1	Fenchel
1	Schalotte, fein gewürfelt
4 EL	Olivenöl
1 EL	Gewürzmischung für Paella
240 g	Vollwert-Thaireis (240 g)
600 ml/6 dl	Wasser
3 EL	gekeimte rote Linsen
2 EL	gekeimter Weizen

Gemüsepaprika halbieren, Stielansatz, Kerne und dicke weiße Rippen entfernen, die Schotenhälften in Streifen schneiden. Grobfasrige Teile beim Fenchel abschälen, Fenchel in Streifen schneiden.

Gemüse und Schalotten im Öl andünsten, Gewürzmischung und Reis unterrühren, mit Wasser bedecken, bei schwacher Hitze weich kochen. Mit den Sprossen bestreuen. 5 Minuten zugedeckt quellen lassen.

Buchweizenbratlinge

Die Bratlinge können auch mit anderem klein gewürfelten oder geraspeltem Gemüse zubereitet oder durch weitere Gartenkräuter ergänzt werden. Gekeimter Weizen gibt den Bratlingen einen süßlichen Geschmack und kompensiert so die leicht bittere Note des Buchweizenmehls.

150 g	Buchweizenmehl
300 ml/3 dl	Wasser
2 Prisen	Salz
1 Glas	gekeimter Weizen oder Dinkel
2	Schalotten, fein gewürfelt
1	kleine Karotte, geschält, klein gewürfelt
	abgezupfte Petersilie, gehackt
	Öl zum Braten

Buchweizenmehl mit dem Wasser glatt rühren, mit Salz würzen, gekeimten Weizen zufügen. Schalotten und Karotten unterrühren.

Eine Bratpfanne mit Öl auspinseln und aufheizen, aufs Mal zwei bis drei Kellen Teig in die Pfanne geben und Bratlinge ausbacken, dabei die Pfanne zudecken. Die Bratlinge wenden, sobald die Unterseite goldbraun ist. Mit Petersilie bestreuen.

Tipp: Mit Gemüse servieren.

Quinoaküchlein mit Lauchsprossen ›

Intensiv schmeckende Sprossen von Lauch, Zwiebel oder Rettich verleihen vegetarischen Gerichten mit Flocken und Getreide allgemein eine abwechslungsreiche, neue Note. Die Sprossen werden in diesem Fall wie Kräuter verwendet.

4 EL	Kichererbsenflocken (alternativ: Reisflocken)
4 EL	Reisdrink
8 EL	vorgegartes Quinoa
2	Eier
1	Schalotte, klein gewürfelt
6	Champignons, fein gewürfelt
4 EL	feine Lauchsprossen
	Salz
	Öl zum Braten

Kichererbsenflocken und Reisdrink in einer Schüssel verrühren, quellen lassen. Quinoa und Eier zugeben, gut verrühren, restliche Zutaten unterrühren, mit Salz würzen.

Eine große Bratpfanne mit Öl auspinseln und aufheizen. Teig in vier Portionen in die Pfanne geben, Küchlein 5 bis 10 Minuten bei schwacher Hitze braten, bis die Unterseite goldbraun und die Masse gestockt ist, wenden und fertig braten.

Gefüllte Crêpes

Es gibt bereits gemischte Keimsaaten, z. B. Radieschen, Senf und Alfalfa, die sich hervorragend als Füllung für Crêpes eignen. Zudem sind mittlerweile auch eine große Auswahl fertig gekeimter Mischungen, z. B. Fenchel und Alfalfa, erhältlich.

Für 10 Crêpes:
200 g	Buchweizenmehl
500–600 ml	Sojadrink
	Öl zum Braten

Füllung:
3	Karotten
1	Zucchino oder Lauch
1	weiße Zwiebel, fein gewürfelt
4 EL	Olivenöl
4 EL	Alfalfasprossen
3 EL	Radieschensprossen (alternativ: Lauch- oder Bockshornkleesprossen

Buchweizenmehl in eine Schüssel geben, Sojamilch langsam unterrühren. Sollte der Teig zu dick sein, etwas mehr Flüssigkeit zugeben.

Karotten schälen, klein würfeln. Zucchino beidseitig kappen, klein würfeln. Beim Lauch grobfasrige Teile entfernen, Stange in feine Ringe schneiden. Gemüse und Zwiebeln im Olivenöl dünsten, mit Salz würzen.

Eine Bratpfanne mit Öl auspinseln und aufheizen. Teig kellenweise in die Bratpfanne geben und Crêpes backen. Auf jede Crêpe gedünstetes Gemüse und Sprossen geben Sprossen verteilen, einrollen. Sofort servieren.

Weizen-Tabbouleh mit Auberginen ›

Mit der gehackten Petersilie erinnert dieser Salat aus gekeimtem Weizen an die traditionellen Tabboulehrezepte. Die Auberginen werden mit Kreuzkümmel gewürzt und in Olivenöl gedünstet. Sie verleihen dieser Salatkomposition ihr zartes Aroma.

2	Auberginen
5–6 EL	Olivenöl
1 TL	gemahlener Kreuzkümmel
1 Bund	glattblättrige Petersilie
1	weiße Zwiebel, in feinen Ringen
8 geh. EL	gekeimter Weizen (oder Dinkel)

Auberginen beidseitig kappen, schälen, in kleine Würfel schneiden. Olivenöl erhitzen, Auberginen, Kreuzkümmel und etwas Salz zugeben, Gemüse weich dünsten.

Abgezupfte Petersilie und Zwiebelringe in eine Salatschüssel geben. Gekeimten Weizen und noch lauwarme Auberginen zugeben, gut vermengen, damit sich die Aromen voll entfalten können, mit Salz abrunden. Abkühlen lassen.

Ratatouille mit gekeimtem Weizen

Dieser Ratatouille mit Oliven wird gegen Ende der Garzeit gekeimter Weizen zugefügt. Sie schmeckt warm und kalt und lässt sich gut in ein Sommermenü integrieren. Der Weizen kann durch Dinkel ersetzt werden.

2	Auberginen
1	rote Gemüsepaprika/Peperoni
3	Zucchini
2	Knoblauchzehen, fein gewürfelt
5 EL	Olivenöl
1	Lorbeerblatt
10	schwarze Oliven
6 EL	gekeimter Weizen
	Salz

Auberginen beidseitig kappen, schälen, in kleine Würfel schneiden. Gemüsepaprika halbieren, Stielansatz und weiße Rippen entfernen, Schotenhälften in Streifen schneiden. Zucchini beidseitig kappen, in kleine Würfel schneiden.

Auberginen, Gemüsepaprika, Zucchini und Knoblauch im Olivenöl andünsten, Lorbeerblatt zugeben, Gemüse weich dünsten. Oliven und gekeimten Weizen unterrühren. Mit Salz würzen.

Kartoffelpüree mit Kressesprossen ›

Jedes Kartoffel-/Gemüsepüree macht noch mehr Appetit, wenn es mit feinen Sprossen garniert wird. Dieses Püree passt zwunderbar zu gebratenem Tofu mit Cashewnüssen, einem Karottencurry mit Tempeh usw.

2	Zucchini
800 g	Kartoffeln, mehlig kochend
2 EL	Mandelmus
	Salz
4 EL	Kressesprossen (oder Alfalfa)

Kartoffeln schälen und in kleine Würfel schneiden. Zucchini beidseitig kappen, in 2 cm dicke Scheiben schneiden. Kartoffeln und Zucchini im Dampf weich garen. Noch heiß durch die Flotte Lotte/das Passevite drehen. Das mit wenig Wasser verflüssigte Mandelmus unterrühren, mit Salz würzen.

Püree anrichten und mit den Sprossen garnieren.

Eintopf mit grünen Bohnen

*Die kleinen Lauchsprossen schmecken recht scharf
und können daher kurz mit der Sojasauce erhitzt werden,
um dem Gemüseeintopf eine milde Würze zu geben.
Das gleiche Rezept schmeckt auch mit Zwiebelsprossen,
die vorher ebenfalls kurz erhitzt werden können.*

500 g	grüne Bohnen
1	Zucchino
1	Salatgurke
3 EL	Lauchsprossen
2 EL	Tamari (Sojasauce)
2 EL	geschälte Sesamsamen

Stielansatz bei den Bohnen abschneiden, gleichzeitig zähen Faden abziehen, Bohnen eventuell halbieren. Gurke und Zucchino beidseitig kappen und in dicke Scheiben schneiden. Grüne Bohnen im Dampf etwa 10 Minuten garen, Zucchini und Gurken kurz mitgaren.

Lauchsprossen mit Tamari bei starker Hitze ganz kurz dünsten, Gemüse zugeben, alles gut mischen. Sesamsamen darüberstreuen.

Kartoffeln mit Zwiebelsprossen

*Gegarte neue Kartoffeln lassen sich in der Schale mit
etwas Fett wunderbar goldbraun und knusprig ausbraten.
Zwiebelsprossen mit ihrem frisch-würzigen Geschmack
machen die Kartoffeln zu einem leckeren Frühlingsgericht.*

1 kg	kleine, neue Kartoffeln, gegart
2 TL	Pflanzenmargarine oder
3 EL	Olivenöl
	Kräutersalz
3–4 EL	Zwiebelsprossen

In einer großen, schweren Bratpfanne die Margarine zerlassen oder das Olivenöl erhitzen. Kartoffeln eventuell halbieren, in die Pfanne geben, mit Kräutersalz bestreuen.

Die Kartoffeln in der Pfanne goldbraun braten, ganz am Schluss Zwiebelsprossen zugeben.

Kleine Häppchen

und Snacks

Kleine Frischkäse mit Sprossen

Ersetzt man Schnittlauch oder Knoblauch durch Sprossen und Keime und verwendet die kleinen Sprossen für frischen Ziegenkäse oder Soja-Frischkäse wie Kräuter, dann erhält man durch diese spezielle Art des Würzens neue Kombinationen mit unterschiedlichen Aromen.

> 1 EL zerstoßene Haselnüsse
> 1 Ziegenfrischkäse; alternativ: veganer Frischkäse aus Tofu
> 1 EL feine Alfalfasprossen; alternativ: Radieschen-, Senf- oder Zwiebelsprossen

Haselnüsse auf einem Teller geben, Käse darin wenden, mit den Sprossen bestreuen.

Zum Rezept: Die Nüsse sind zwar nicht zwingend, aber ich fand es interessant, Knackiges mit weichem, cremigem Käse und der frischen Note der Sprossen zu kombinieren.

Variante: Je nach Geschmack mal mild mit Alfalfa oder pikant mit Rettichsprossen ergänzen.

Sesam-Tofu-Würfel ›

Tofu wird häufig auch Sojaquark genannt. Naturbelassen schmeckt er etwas fade, doch mit Keimen und Sprossen kombiniert verwandelt er sich zu außergewöhnlichen Appetithäppchen, die zum Aperitif gereicht werden können oder zu einer Käseplatte passen. Um gekeimten Sesam einmal anders zu erleben, habe ich Gomasio verwendet, ein japanisches Gewürz aus geröstetem, mit Meersalz vermahlenem Sesam.

Pro naturbelassenem Tofublock (100 g):
> 3 EL gekeimte Sesamsamen
> 1 EL Gomasio
> 1 TL Mohnsamen

Tofu in 1½ cm Würfel schneiden.

Auf einem flachen Teller gekeimte Sesamsamen (abgespült und abgetropft) mit dem Gomasio mischen. Die feuchten Tofuwürfel darin wenden, andrücken.

Tofuwürfel auf Holzspießchen stecken. Auf einen Teller legen. Für den Farbkontrast jeden zweiten Würfel mit etwas Mohnsamen bestreuen.

Cremiger Sojadip

Die sämige Sojacreme wird durch richtiges Würzen zu einer leckeren, pflanzlichen Frischkäse-Alternative. Und dank würziger Sprossen und Keime wird daraus ein toller Brotaufstrich oder ein leckerer Dip, der zu rohem Gemüse passt.

2 EL	Walnuss-/Baumnuss-, Haselnuss- oder Sesamöl Kräutersalz
230 g	Sojacreme
3 EL	Alfalfasprossen (alternativ: Senf- oder Kresse sprossen)

Aus Öl, 2 Prisen Kräutersalz und Sojacreme in einer Schüssel einen glatten Dip rühren. Alfalfasprossen untermischen. Sofort servieren.

Pfeffer: Meist ist es schade, Dips oder Brotaufstriche mit Pfeffer zu würzen, da er den subtilen Geschmack der Sprossen überlagert und die unterschiedlichen Nuancen der verschiedenen Sprossen nicht richtig zur Geltung kommen lässt.

Überbackene Brotscheiben mit grünen Sprossen ›

Hier kommen die Sprossen gleich zweimal zum Zug, sie werden direkt auf das Brot und am Schluss über den geschmolzenen Käse gestreut. So entfaltet sich einen ganz besonderen Duft, der je nach Art der verwendeten Sprossen (Zwiebel, Rucola, Lauch usw.) variiert.

Für 2 Schnitten Brot:

2	große Scheiben Dinkelbrot
1	kleine Rolle Ziegenweichkäse; (alternativ: 2 Crottin de Chèvre)
3 geh. EL	Zwiebel- oder Lauchsprossen

Die Hälfte der Sprossen auf den Brotscheiben verteilen. Käse in Scheiben schneiden und darauflegen. Die Brote unter dem Grill ein paar Minuten überbacken. Restliche Sprossen darüberstreuen. Sofort servieren.

Salatsauce mit Sprossen und Keimen

Ein mit gutem Öl aufgeschlagener „Sojajoghurt" wird zu einer wunderbaren Salatsauce oder zu einem Dip, der gut zu Rohkost schmeckt.

Pro Becher Sojaoghurt:
    2 EL Rapsöl
          Salz
    1 EL feine Fenchelsprossen

oder

    2 EL Distelöl
          Salz
    1 EL feine Radieschensprossen

Öl, eine Prise Salz und den Joghurt zu einer homogenen Creme verrühren. Entweder mit den Sprossen als Salatsauce verwenden oder in kleine Förmchen füllen und mit Fenchel- oder Radieschensprossen bestreuen.

Jeweils ein Förmchen auf einen Teller stellen und rohes Gemüse darum garnieren.

Sandwich mit geräuchertem Tofu ›

Keimlinge, die bereits erste Blättchen besitzen, oder junge Sprossen sind eine wunderbare Ergänzung zu Salatblättern, die oft für Sandwiches verwendet werden – oder sogar Ersatz sind. Ihr pikanter Geschmack und ihr Nährstoffreichtum machen aus dem Sandwich gesundes Fastfood.

Für die Sauce:
          Sojadip von Seite 98, nur mit Senfsprossen

          Dinkelbrotscheiben
  200 g geräucherter Tofu
    ½ Salatgurke
  6 EL Sonnenblumenkernsprossen
          einige grüne Salatblätter

Gurke eventuell schälen und in sehr feine Scheiben schneiden oder hobeln. Geräucherten Tofub in ½ cm dick Scheiben schneiden.

Jeweils eine Brotscheibe mit Gurkenscheiben bedecken und diese mit dem Senfsprossendip bestreichen. Zwei Salatblätter darauflegen, einige Sonnenblumenkernsprossen darauf verteilen und mit einer Lage geräuchertem Tofu belegen. Mit der anderen Brotscheibe abschließen.

Desserts und

Variationen mit Obst

Birnenkompott mit gekeimtem Weizen

Weizenkeimlinge schmecken von Natur aus süß und eignen sich deshalb hervorragend für Desserts und Süßspeisen.

8	Birnen (festkochend)
5 EL	gekeimter Weizen oder Dinkel

Birnen ungeschält vierteln, entkernen. Unter Zugabe von wenig Wasser oder Birnensaft weich garen.

Die erkalteten Birnenviertel mit Saft in Dessertschalen anrichten, Weizenkeimlinge darüberstreuen.

Bratapfel mit gekeimtem Sesam ›

Besonders gut für dieses Rezept eignen sich Boskoop.

4	Äpfel	
4 EL	getrocknete Aprikosen, fein gewürfelt	
300 ml/3 dl	Apfelsaft	
4 EL	Honig	
2 Prisen	Zimt	
4 EL	gekeimte Sesamsamen	

Den Äpfeln am Blütenansatz mit dem Kugelausstecher einen Deckel abstechen, dann die Früchte aushöhlen, d. h. das Kerngehäuse entfernen. Aprikosen in die Äpfel füllen, wenig Zimt daraufgeben, Deckel aufsetzen.

Apfelsaft in eine Gratinform gießen. Äpfel hineinstellen, bei 180 °C rund 30 Minuten schmoren. Äpfel immer wieder mit dem Saft übergießen. Am Schluss sollte der Apfelsaft sirupartig eingedickt sein.

Honig, Zimt und gekeimten Sesam mischen. Die fertig gegarten Äpfel auf Teller verteilen und jeweils einen Löffel von der Sesamhonigmischung darauf geben. Lauwarm servieren.

Gefüllte Datteln mit Keimlingen

Pinienkerncreme mit gekeimten Sonnenblumenkernen ›

Das sind sehr gesunde und energiereiche kleine Leckerbissen, die sich gut zu einem Picknick oder auf eine Wanderung mitnehmen lassen. Medjool-Datteln eignen sich wegen ihrer Größe und ihres weichen und saftigen Fruchtfleisches besonders gut für dieses Rezept.

Bei dieser ungewöhnlichen Zubereitungsart wird ein mit Agar-Agar angedickter Pudding verwendet. Mit Keimlingen gemischt verwandelt er sich in eine cremige und leichte Süßspeise. Diese feine und nicht zu süße Creme kann auch an Stelle einer Vanillesauce gereicht werden. Mit einer kleinen Mischung aus Pinienkernen und Reissirup angereichert ergibt sie einen gehaltvollen, leckeren Nachtisch.

12 große, frische Datteln;
    (alternativ: getrocknete Datteln)

Füllung:
5–6 EL gekeimte Sonnenblumenkerne
3 EL gekeimte Sesamsamen
6–8 Datteln

Für die Füllung Keimlinge und entsteinte Datteln zu einer Paste mixen. Frische Datteln aufschneiden, Stein entfernen, Früchte mit einer haselnussgroßen Menge der Paste füllen.

Wenn die Datteln als Nascherei gereicht, sollten sie mit etwas Agavensirup beträufelt werden, dann bekommen sie einen besonders schönen Glanz. Allerdings sind sie dann noch süßer. Der Agavensirup lässt sich auch durch Honig ersetzen.

1 l Mandeldrink
4 g Agar-Agar-Pulver
8–10 EL gekeimte Sonnenblumenkerne
6 EL Pinienkerne
4–6 EL Reissirup

In einer Kasserolle das Agar-Agar-Pulver im Mandeldrink auflösen. Milch unter Rühren erwärmen. Wenn sie zu köcheln beginnt, noch etwa 3 Minuten weiterrühren. In eine Schüssel gießen, erkalten lassen, 2 Stunden in den Kühlschrank stellen, bis der Pudding fest ist.

Pinienkerne in einer Pfanne rösten.

Gekeimte Sonnenblumenkerne im Mixer zerkleinern, Pudding dazugeben, rühren, bis eine luftige und glatte Creme entsteht. In Dessertgläser füllen. 30 Minuten im Kühlschrank kalt stellen, damit die Mandelcreme die Konsistenz einer Mousse bekommt. Mit den gerösteten Pinienkernen bestreuen, mit etwas Reissirup beträufeln.

Shakes mit Keimlingen

Keimlinge können mit etwas Wasser im Mixer zerkleinert werden, um dann als Getränk mit Flüssigkeit verdünnt zu werden. Verwendet man dafür einen Soja-, Mandel- oder Reisdrink, erzielt man einen milchigeren Geschmack.

Ich verwende am liebsten Reisdrink, da er einen besonders milden und süßlichen Geschmack hat, der gut zu bestimmten Keimlingen passt. Aber natürlich lassen sich auch andere Milchalternativen verwenden, die sich nach Belieben mit mild schmeckenden Keimlingen (wie Weizen, Dinkel oder Sonnenblumenkerne) kombinieren lassen und dann leicht süßlich schmecken.

Auf ein Glas kommen etwa zwei Esslöffel Keimlinge. Meist muss kein Zucker hinzugefügt werden, da die Mischung von sich aus süß genug schmeckt. Für das Nachsüßen eignen sich wegen der besseren Löslichkeit vor allem flüssige Süßungsmittel, z. B. Agaven- oder Getreidesirup. Besonders erfrischend schmecken die Shakes, wenn sie vor dem Servieren im Kühlschrank gut gekühlt wurden.

Varianten:
Reisdrink mit einigen gekeimten Sonnenblumenkernen mixen.
Haferdrink mit einigen Weizen- oder Dinkelkeimen mischen.
Soja- oder Mandeldrink mit einigen Dinkelkeimen mixen.

Honigmelonen als Salat ›

Reife Honigmelonen schmecken häufig sehr süß. Ihr weißes Fruchtfleisch passt wunderbar zum leichten Anisaroma feiner Fenchelsprossen. Servieren Sie dieses Duett einmal als neue Gaumenfreude auf einem Buffet.

    1   Honigmelone (etwa 800 g)
5–6 EL feine Fenchelsprossen

Melone halbieren, Kerne entfernen, Fruchthälften längs in Achtel schneiden. Das Fruchtfleisch von der Schale schneiden und zerkleinern. Anrichten und mit Fenchelsprossen bestreut servieren.

Pflanzlicher Joghurt als kleiner Imbiss

Ob als Frühstück oder kleiner Imbiss zwischendurch – das Rezept bietet eine Möglichkeit, sich lecker zu stärken. Für einen Nachtisch den Soja-Joghurt einfach durch Sojacreme ersetzen, die mit Agavensirup aufgeschlagen wird.

Pro Becher Soja-Joghurt (125 g):
- 1 EL Rosinen
- 2 EL Alfalfasprossen

Am Vortag oder einige Stunden vor dem Verzehr die Rosinen in einem Glas Wasser einweichen. Dann die abgetropften Rosinen unter das Joghurt mischen und mit den Sprossen bestreuen.

Frühstücks-Bananencreme ›

Diese Creme ist so schnell zubereitet, dass umso mehr Zeit bleibt, ihren Geschmack zu genießen: die Süße der Banane, den zarte Geschmack der Sojacreme mit den feinen Keimlingen der Sonnenblumenkerne.

Pro Banane:
- 4–5 EL Sojacreme
- 3–4 EL gekeimte Sonnenblumenkerne

Banane schälen und zerkleinern, Sojacreme unterrühren. In Dessertschalen anrichten, Bananencreme mit den Keimlingen bestreuen.

Grüne Rezepte

mit Gerstengrassaft

Belebendes Gazpacho

Dieses spezielle Gazpacho ohne Tomaten zeichnet sich durch seine saftig grüne Farbe aus. Ich empfehle, das Gemüse kurz weich zu dämpfen, damit sich die Suppe einfacher mixen lässt.

2	junge Zucchini
2	Salatgurken
1	Knoblauchzehe, gewürfelt
1	kleine weiße Zwiebel, halbiert
3 EL	Gerstensaftpulver
	kaltes (Quell-)Wasser
1 Prise	Salz

Zucchini beidseitig kappen, in kleine Stücke schneiden. Gurken beidseitig kappen, schälen und in kleine Stücke schneiden.

Zucchini, Gurken, Knoblauch und Zwiebeln 5 Minuten im Dampf garen.

Alle Zutaten pürieren, je nach Konsistenz mit Wasser verdünnen, mit Salz abschmecken. Gazpacho in Schälchen servieren.

Variante: Einen Teil der Gurke fein würfeln und zum Schluss unter das Püree mischen.

Gerstensaftvinaigrette ›

Eine Sauce, die gut zu Rohkost, jungem gedämpftem Lauch, grünem Bohnensalat oder geriebenen Zucchini passt.

1 TL	Gerstensaftpulver
1 TL	Wasser
4 TL	Distelöl
	Kräutersalz

In einer Salatschüssel das Gerstensaftpulver im Wasser auflösen, mit dem Öl verrühren und mit etwas Salz würzen.

Schnelle Suppe

*Einfach und in Minutenschnelle zubereitet schmeckt
dieses Süppchen dank der Sojasauce angenehm würzig und
durch das Gerstensaftpulver nach grünem Gemüse.
Ich vermeide es, den Gerstensaft zu kochen, und verwende
daher siedendes Wasser.*

Pro Person:
150 ml/1,5 dl Wasser
    1 EL Tamari (Sojasauce)
    1 EL Gerstensaftpulver

Wasser aufkochen. Sojasauce in eine Tasse oder in ein
Glas geben und das Gerstensaftpulver darin auflösen.
Das heiße Wasser darübergießen, kurz umrühren und
sofort genießen. Lecker!

Selleriepüree ›

*Dieses leichte Püree schmeckt wunderbar zu gebratenem
Kräutertofu, Getreidebratlingen und Gemüsepuffern.
Der Geschmack des Selleries wird durch den des Gersten-
saftes ergänzt. Zudem bekommt das Püree dadurch
eine hübsche hellgrüne Farbe. Das Walnussöl kann durch
ein gutes Traubenkernöl (ungefiltertes, kalt gepresstes
Öl aus Bio Traubenkernen) ersetzt werden.*

  1–2 EL Knollensellerie (800 g)
    1 Zitronenscheibe
    1 EL Gerstensaftpulver
  4–5 EL Wasser
     Kräutersalz
  2–3 EL Walnussöl/Baumnussöl;
     (alternativ: Traubenkernöl)

Sellerie schälen und in Scheiben schneiden. Sellerie in
einen Topf geben und mit Wasser bedecken. Den Saft
der Zitronenscheibe ins Wasser träufeln, so bleibt der
Sellerie schön weiß. Bei schwacher Hitze weich garen.
Kochflüssigkeit abgießen und auffangen.

Gerstensaftpulver im Wasser auflösen.

Topfinhalt durch die Flotte Lotte/das Passevite drehen.
Mit Kräutersalz, Walnussöl und Gerstensaft würzen. Je
nach Konsistenz noch etwas Kochwasser zugeben.

Weiterführende Literatur

Kraftort Küche – gesund und vital mit Spirulina, Chlorella und Weizengras
von Alfons Roth und Cerina Thon, Edition FONA.
Hier bekommen Sie noch weiterführende Informationen über den eigenen Anbau und den Umgang in der Küche mit Weizengras.

Kraft im Saft – Gesundheit Schluck für Schluck
von Barbara Rudolph, Waldthausen Verlag/NaturaViva.
Hier erfahren Sie alles über die vitalstoffschonende Art des richtigen Entsaftens. Viele Rezepte zeigen, welche Saftkombinationen vorbeugen oder heilen können. Informativ sind die Beschreibungen über die bioaktiven Inhaltsstoffe von Obst, Gemüse oder Kräutern.

Gerstengrassaft
von Barbara Simonsohn, Windpferd Verlag.
Praktische Erfahrungen und ernährungswissenschaftliche Untersuchungen mit Gerstengrassaft, um die ganze Bandbreite dieses beeindruckenden grünen Elixiers kennenzulernen.

Bioaktive Substanzen. Pflanzenpower für das Immunsystem
von Claus Leitzmann und Kathi Dittrich, Haug Verlag.
Wenn Sie wissen möchten, wie Sie Ihren Körper mit all dem versorgen, was er braucht, um vital, gesund und leistungsfähig zu bleiben, dann gibt Ihnen dieses Buch eine gute Übersicht. Hier steht, welche Nahrungsmittel ihren Beitrag für ihre Gesundheit leisten.

Danksagung

Die deutsche Redaktion dankt den Firmen *Eschenfelder (www.eschenfelder.de)* und *hawos (www.hawos.de)* sowie *Keimling (www.keimling.de)* und *Römertopf®* *(www.roemertopf.de)* für ihre Unterstützung.

Rezeptverzeichnis